稳扎稳打

个人投资理财策略

王旭光◎著

中国铁道出版社有限公司
CHINA RAILWAY PUBLISHING HOUSE CO., LTD.

图书在版编目（CIP）数据

稳扎稳打：个人投资理财策略/王旭光著. —北京：
中国铁道出版社有限公司，2023.1
ISBN 978-7-113-29404-5

Ⅰ.①稳… Ⅱ.①王… Ⅲ.①私人投资–基本知识
Ⅳ.①F830.59

中国版本图书馆CIP数据核字（2022）第120257号

书　　名：**稳扎稳打——个人投资理财策略**
　　　　　WENZHA-WENDA: GEREN TOUZI LICAI CELÜE
作　　者：王旭光

责任编辑：张亚慧　　编辑部电话：（010）51873035　　邮箱：lampard@vip.163.com
编辑助理：张秀文
封面设计：宿　萌
责任校对：焦桂荣
责任印制：赵星辰

出版发行：中国铁道出版社有限公司（100054，北京市西城区右安门西街 8 号）
印　　刷：鸿博睿特（天津）印刷科技有限公司
版　　次：2023 年 1 月第 1 版　2023 年 1 月第 1 次印刷
开　　本：700 mm×1 000 mm 1/16　印张：13.75　字数：195 千
书　　号：ISBN 978-7-113-29404-5
定　　价：69.00 元

投资的专业性和不确定性，是一对非常"奇葩"的存在。

先说专业性，以被称为金融第一考的CFA为例，CFA全称Chartered Financial Analyst（特许金融分析师），其中有伦理和职业道德标准、投资工具（包括权益投资、固定收益投资、另类投资、金融衍生品）、资产估值（包括数量分析、经济学、财务报表分析、公司金融）、投资组合管理，一共10个科目，分为三个级别。金融行业的专业人士一般都是名校毕业的高才生，而且在金融市场上经历了多年的磨炼，再加上机构投研团队的信息支持，可以说在投资上，基金经理和普通散户之间存在着巨大的认知鸿沟。

投资领域的专业性并不等于确定性，基金经理无法达到像医生那样药到病除。医生可以非常确定地诊断病症，然后立即验证他的正确性。基金经理却是赚钱时被捧，亏钱时被骂。这和资本市场的不确定性是分不开的。在股市中，散户很可能会抓几个涨停板，基金短期内也可能亏损，这会让很多人产生一种误解，把好运气当作是自己的能力，把坏运气归结为基金经理的无能。

从统计上的意义来说，一个基金经理要经历很多年才能在一定程度上证明他可以为投资者带来阿尔法收益；而一个普通散户，在某一两次判断正确后，就会自我感觉良好，认为自己是天生的投资家。在股市中，充满着非常多的主观臆断和浮躁情绪，很多散户和基民并没有认识到什么是投资，以及我是谁。

投资的必要性和风险性，也是一对非常有意思的存在。

投资理财可以说是人生必须要做的一件事情。家庭其实和企业一样，作为一家之主，对家庭的财务情况要有清晰的认识，就像企业的CFO要了解企业的财务状况一样。企业CFO的三件事儿，融资（钱从哪儿来）、投资（钱到哪儿去）和分配（赚钱了怎么分），家庭也有三件事儿，赚钱（钱从哪儿来）、投资（钱到哪儿去）和分配（赚钱了怎么花）。另外，为了应对通货膨胀，也需要投资理财。

但投资是有风险的，这会让很多人望而却步，甚至一些观念保守的人谈股色变，认为股市就是一种赌博，千万不能"玩"股票，投资股票就是不务正业，就是投机取巧，把股票和赌博几乎归为一类。我认识的有些家庭，为了不让对方炒股，争夺工资卡，吵架，甚至闹离婚，俨然发展成了一场"战争"。

过度自信和过度谨慎是很多个人投资者面临的常见问题，我觉得为大家还原一个真实的投资世界非常重要。另外，投资理财本身也是一场修行，并不仅仅是在钱财上的博弈，而且还蕴含着深刻的哲理和人生感悟。

《孙子兵法》的开篇就为全书奠定了基调。"孙子曰：兵者，国之大事，死生之地，存亡之道，不可不察也。"意思是，战争是国家的大事，不可视同儿戏，一定要非常细致地研究和分析，不打无准备之仗。在投资理财中也是一样，投资理财是一个家庭的大事，也不可视同儿戏，一定要系统地学习投资理财的基础知识，形成自己的投资体系，多做研究和分析，再小心都不为过。我认为这也是投资应有的态度，大家一定要持续不断地学习，养成严谨的态度认真的投资习惯，很多人买一件衣服能逛一天街，试了又试，比了又比，颜色、款式、面料、价格多维度评判，而买一只股票可能不到5分钟就决定了，其随意的程度令人"不寒而栗"。

　　《孙子兵法》讲开战之前要做一个全方位的分析。"故经之以五事，校之以计，而索其情：一曰道，二曰天，三曰地，四曰将，五曰法。"道、天、地、将、法分别是指政治、天时、地利、将领素质、军纪制度。投资也一样，也需要全面分析经济、货币、市场、企业、基金经理、投资心理与纪律等。投资的胜负其实是在买入前就定了的，而不是先买了再依靠随机应变。

　　《孙子兵法》中我最喜欢的一句话是，"昔之善战者，先为不可胜，以待敌之可胜。不可胜在己，可胜在敌"。善于打仗的人的首要目标不是战胜别人，而是先保证自己立于不败之地，然后再等待时机，战胜敌人，保证自己不被打败在于自己，能不能打败别人要看时机。用在投资上就是，投资的首要目标不是赚钱，而是不亏钱。巴菲特曾说过他的成功法则，第一条原则：永远不要亏钱；第二条原则：永远不要忘记第一条。怎样做到不亏钱呢？一是要做充分的研究；二是要留足安全边际。只要买的股票好，买的价格足够低，就可以立于不败之地，究竟什么时候能赚钱，就要看市场了。价值投资就是充分分析后买入，然后长期持有，等待时机。

　　很多个人投资者都是工薪族，受过相对良好的教育，有稳定的工作，每个月都有现金流的结余，他们关注投资理财，并且愿意学习。但由于本身投资理财基础知识的欠缺，又不可能去按照科班读一个金融专业，所以经常陷入迷茫中。投资又是一个知识门槛很高，而评论门槛很低的领域，但凡炒过股的人都能评价几句，网上碎片化的知识和观点很容易造成不良的影响。

　　基础知识不够，投资心理不健康，是困扰大多数个人投资者的常见问题，希望此书可以用通俗易懂的语言给大家还原一个真实的金融世界，提供一种系统的知识架构，帮助读者形成正确的投资理财观，最终在资本市场中获取长期可观的收益。也希望读者能在投资学习和实践的过程中，提升自己对世界的认知，进行一场有意义的"修行"。

投资不只是为了赚钱，也为了认知的提升和心境的安宁！

作　者

2022年6月

| 目　录 |

第十章 防守是为了更好地进攻 / 191

第一章

浅 谈 投 资

我用浅显的道理来介绍什么是投资，什么是资产组合，如何看待我们的财富。另外，我也会引入一些基本概念，这些概念对我们以后的学习至关重要。

我们经常会提到的三观：世界观、价值观、人生观。世界观是人们对整个世界的总看法和根本观点，每个人的知识和经历不同，看待这个世界的角度和深度就会有所区别，人类数千年的文明，就是一个从认识世界、适应世界到改造世界的过程。人生观是对人生的看法，我们人生的目的是什么？活着的意义是什么？我们为什么而活？价值观是我们对事物价值的基本观点，一方面为价值追求；另一方面为对价值的排序。每个人每天都面临着很多选择，今晚是在家看书还是出去应酬，你的选择不同就代表着你对它们价值的不同评判。

很多人可能会认为讨论三观是非常虚无缥缈的，没有太大的意义，而柴米油盐才是生活的本质。是的，柴米油盐离我们很近，而三观好像离我们很远。柴米油盐是眼前的事情，三观是潜意识中长期形成的东西，三观或许无法改变眼前的事情，但却无时无刻不在支配着我们的行为，而不同的行为必然会导致不同的结果。

讨论三观不是我们的目的，我只是想通过三观的讨论引入一个叫作"投资观"的概念。现在闭上眼睛思考一下，你的投资观是什么，你是怎样看待投资这件事的，然后把它写下来。

如果写起来有难度，那么再具体一点，你觉得投资像什么？

像赌博吗？是朋友一起打麻将这种小赌怡情，还是去豪赌？

像种庄稼吗？春种秋收，每年都有播种，每年都有收获。还是像种树，三年开花，五年结果，前期只有投入没有收获，五年后树越来越大，果子越来越多。

无论如何，现在思考这样一个问题是有意义的，它代表着你现在对投资的基本观点，把它写下来。等看完这本书时，再思考这个问题，也把它写下来，等自己投资实践三五年后，可以再思考这个问题，把它写下来。通过对比，你就能发现你的改变，你的进步。

不要小看投资观，它能在很大程度上影响你的投资行为，我讲了这么多，只是在强调投资观的重要性。

劳动生产是可以产生价值的，"春种一粒粟"就是一种对劳动生产的投资，"秋收万颗子"就是对投资的回报。而赌博更像一种投机，它是一种零和博弈，它并没有创造财富，而是一种对财富的转移。

遇到过很多"基民"，他们的心态和赌博非常相似。他们会觉得投到基金里的钱，就像筹码一样，赌的心态很重。但其实投资理财更像是劳动生产，你的财富不一定是金钱，而且大多数的时候它们不是金钱，它们是良田，是房宅，是商铺。

这两种投资观极大地影响着我们的行为，下面我把它们分开，劳动生产时称为投资观，赌博时称为投机观。

如何看待股票和基金？你认可股票和基金账户中的数字是我们的财富吗？你能看到这些数字背后的机器、厂房、设备吗？你能看到它们的商业模式吗？你能看到它们在生产商品或者提供服务，让社会更美好吗？是的，你拥有它们的一部分份额，你是它们的股东之一，你是在投资，这绝对不只是数字游戏。

如果你看到的股市不是这样的，而是赌桌，每天的股市开盘就像赌场在发牌，而你的基金和股票就像赌桌上的筹码，每一次涨跌都牵动着你敏感的神经，就像德州扑克又公开了一张好牌或坏牌一样，你要随时决定跟注、加注，还是放弃。如果你的心态是这样的，那么很显然你属于投机派。

其实投资理财更像农耕，需要做资产配置，需要长期的等待，盛唐不是一天建成的，需要长期的经营和积累，其中很多年份有灾难，有倒退。同样，股市有些年份是负收益，但控制好风险，通过复利的作用，多年以后你就会发现有非常大的收获。

下面是一些基础知识，它们构成了投资观的重要因素。

一、钱的时间价值

今天的1万元不等于明年的1万元。这个比较好理解，我今天借你1万元，明年这个时候再还你1万元，抛去我们之间交情的因素，你愿意吗? 你肯定不愿意，如果我说明年这个时候还你1.1万元，你可能就愿意了，这里的1 000元就是钱的时间价值。所以，对于你来说，今天的1万元就等于明年这时的1.1万元。

今天的1万元不等于明年的1万元，这里的"不等于"包含了哪些因素呢? 一个是通货膨胀，30年前的万元户，到后来的百万富翁，除了财富的变化之外，其中有很大一部分是通货膨胀，简单来说就是物价越来越高，钱不值钱了。

即使抛去通货膨胀，你也不太情愿借我这1万元，你可能会想我万一不还你钱了怎么办。对的，这就是风险，风险越大，你希望得到的补偿就越多。

如果没有风险，假如不是我借你钱，是银行借你钱，你仍然会不情愿借出去。有这1万元自己用不好吗? 你是否借出这1万元，就意味着你要在现在消费和未来消费之间做出选择，这种忍受一年不能消费的不耐烦心理，就需要对你进行补偿，而这个补偿就是无风险利率。

我不想把这里变成金融课的课堂，但这个知识点非常重要，我们尽量简化一点来说明一些问题。还是上面的例子，你借我1万元，你希望一年获得10%的回报，这10%就是钱的时间价值。下面我画了时间轴，并且把金额标注到各个时间节点上，这三种现金流在折现率为10%的情况下是等价的。不同时间点的钱是不可比的，如果要比较，需要把未来的现金流进行折现，都折到0时间点。

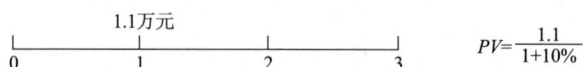

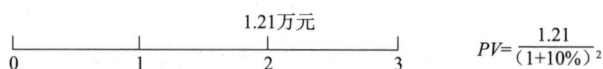

$$PV = 1$$

$$PV = \frac{1.1}{1+10\%}$$

$$PV = \frac{1.21}{(1+10\%)^2}$$

上面的公式写成通式是 $PV = \sum \dfrac{CF_t}{(1+R)^t}$，$PV$ 为现值，CF_t 为 t 时刻的现金流，R 为折现率。R 在不同的背景下可能会有很多称呼，如利率、要求回报率、资金成本等。在个人投资中，只需记住 R 是和风险有关的，风险是和分子上的现金流相关的，如果这项投资的风险较大，也就是分子的现金流的不确定性较大，那么就需要更高的风险补偿，我们就要求 R 大一些。折现率 R 大了，PV 值就会变小，意思就是我们对这项投资付出的价格要更低。

其实投资的本质就是一种现金流的交换。一方面可以用现在的现金流去换未来的现金流，另一方面可以用确定的现金流去换不确定的现金流。如果未来的现金流是确定的，如银行存款和国债，按时还本付息即可。由于分子上的现金流是确定的，对应的就不会有风险补偿，所以，折现率 R 就是无风险收益率，国债定价其实就是这么定的，所以，国债的价格较贵。未来的现金流也可以是不确定的，如果是公司债，它可能会违约，那么就需要把违约的风险补偿加进去，相应的公司债就会便宜一些。如果是股票，就更不确定了，需要更多的风险补偿，它就需要卖得更便宜。

二、天下没有免费的午餐

永恒的真理箴言就是，"天下没有免费的午餐"。

真理之所以是真理，就是它可以跨越时代，也可以适用于不同的领域。毫无疑问，这句话也是投资领域中最为重要的一句箴言，需要时刻牢记。

"天下没有免费的午餐"，这句话有两层含义。

（1）投资一定要有风险意识。

高收益的背后往往伴随着高风险，投资的风险和收益是一对孪生兄弟，收益越大，风险越大。以前遇到一个朋友，他说他有一笔钱放在他的一个朋友那里，他朋友说有很好的投资渠道，可以承诺一年20%的收益，没有风险。我问道："你知道20%的收益意味着什么吗？"银行5%的利息他不借，他为什么借你

20%的利息？还没有风险，他是在做慈善吗？

当年P2P的利息一般在8%~15%，有的甚至能达到20%，远远高于银行理财产品。这么高的资金使用成本一定是要出问题的，理由很简单，很多中小企业的平均净利润有多少？净利率只有个位数的占绝大多数。中小企业的账期是多少？很多中小企业在资金链上极其脆弱，所以P2P一定会有很多坏账。前几年没有暴露出来，是因为P2P平台做了隐形担保，利用P2P平台沉淀的资金池拆东墙补西墙，保证了本金和利息的刚性兑付，但这种保证是不可持续的，最终P2P"爆雷"一点儿也不稀奇。

P2P能不能做到刚性兑付，即使银行理财产品也要打破刚性兑付。2020年资管新规出台，对银行理财和资管计划等做了规范，其中一条就是要打破刚性兑付，银行不得再保本保息。自此之后，除了银行存款和国债之外，已经没有什么是无风险的。

下图所示为国债收益率，30年期的国债收益率为3.49%，10年期国债收益率不到3%。如果只想获得无风险回报，那么收益率大概就是这个水平。

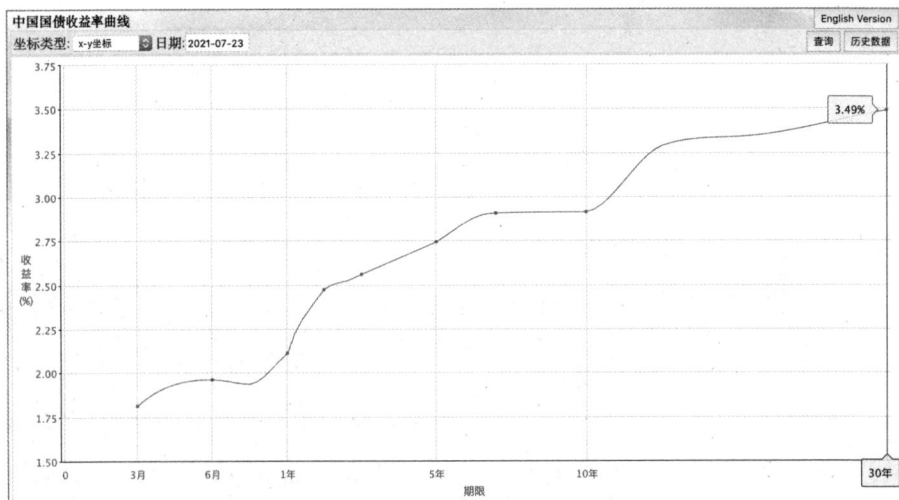

那么我们认为是高风险股市收益率大概是多少呢？参考美股和A股的主流指数，把时间拉长到10年以上，年化复合收益率一般在8%~13%。

巴菲特的收益率是什么水平呢？平均在20%左右。

所以，想获取20%的收益率，还不想承担风险，这是不可能的。我们心里要有一杆秤，要清楚20%的收益率意味着什么。如果再遇到一些集资骗钱的，一定要想到这句话，"天下没有免费的午餐"，他能从银行借到5%的利息，绝对不会向你借20%的利息，20%的背后一定有着巨大的风险，这种生意的现金流一定在摇摇欲坠的边缘了。

（2）要想获得超额收益，必须要付出额外的努力。

在第一层含义里，高收益往往伴随着高风险，我用了"往往"这两个字，我的意思是这种关系并不是绝对的，它只是相对的。股市并不是一个完全有效的市场，股市很容易受情绪的影响，经常报出错误的定价，这些错误的定价中往往存在潜在的高收益却相对低风险的投资机会。如果一家公司的股价被低估了，这种低估就蕴含着潜在的高收益，同时这种低估也蕴含着潜在的低风险。这很容易理解，很便宜的资产，就像一个人已经蹲在地上，它向上的空间就变得很大，他不仅可以站起来，还可以跳起来，而同时他向下的空间就会很小，即使摔倒了也不会摔多痛，大不了就是从蹲着变成趴着。

市场上是存在超额回报的，但是这种机会只有相对专业的人才能把握住。没有充足的知识储备，不做大量的分析研究，是很难看懂这种机会的。

现在，各大论坛里炒作基金定投很有市场，各种"大V"到处鼓吹简单定投就能获得超额收益，微笑曲线理论也是大行其道。其实想想也知道这是不现实的，还是那句话，"天下没有免费的午餐"，不想付出努力，简单定投就想战胜市场，实在是太天真了。

在投资领域，只有努力还不够，努力的方向还一定要正确。有的人整天忙忙碌碌打听消息，想靠跟风赚钱，这种努力就是走错了方向。

三、不要把鸡蛋放到一个篮子里

首先谈一谈鸡蛋。在投资中，鸡蛋就是我们的本金，是我们能否继续留在资本市场的前提条件，首先要考虑的不是赢多少倍，而是要活下去。投资是在活下去的前提下争取最大收益的，只有活下去才有资格谈未来。

在交易上，杰西·利弗莫尔是当之无愧的大作手，也是埃德温·利非弗的畅销书《股票大作手回忆录》中的主人公。杰西·利弗莫尔曾经富可敌国，也曾遭遇三次破产，但在破产后又屡屡东山再起，在资本市场上，没有人比杰西·利弗莫尔更富有传奇色彩，说他是20世纪华尔街最大的传奇一点儿也不为过。然而，杰西·利弗莫尔的结局并不美好。

很多人研究利弗莫尔的投资人生，把他的失败归结为技术分析输给了价值投资，其实这是不完全正确的。利弗莫尔的悲剧在于他每次交易都押上自己的全部身家，无论你的胜率有多高，赔率有多诱人，只要失败一次，你就会落入破产的境地。把所有鸡蛋放到一个篮子里，就意味着你不能失败，即使失败的概率只有1%，你也可能陷入万劫不复的境地。

所以，无论你对某个投资标的的研究多么透彻，多么有信心，都不可以孤注一掷投资一只股票。天有不测风云，人有旦夕祸福，地震、洪水，任何突发事件都有可能摧毁一家公司，关键人事件、财务造假、政治风险都有可能把你的投资送入失败的境地。世界上不存在百分之百的事情，在投资领域更是如此。

无论何时，在投资中首先要考虑的问题是最坏的结果你是否可以承受。而分散投资可以很大地分散化这种最坏的结果，极大地增强我们投资的稳健性。一个投资标的有可能爆雷，但是五个投资标的同时爆雷的可能性就小很多了。

接下来我们谈一下篮子。不要把鸡蛋放到一个篮子里，那么应该放到几个篮子里呢？

"把鸡蛋放到一个篮子里，并且看好它"。我不确定巴菲特是否真的说过这句话，但毫无疑问这句话成了很多散户孤注一掷投资单一股票的理由，很多话都是需要辩证地看，你还要看他是在什么情境下说的这句话，他想表达的真实意思是什么，所谓知其然，还要知其所以然，否则很容易东施效颦。

据我了解，巴菲特并不反对分散化。1998年巴菲特在佛罗里达大学做过一个演讲。我把巴菲特关于分散化的回答原封不动地放到下面，大家可以认真读一下。

请讲讲您对分散投资的看法？

巴菲特："这个要看情况了。如果不是职业投资者，不追求通过管理资金实现超额收益率的目标，我觉得应该高度分散。我认为98%～99%的投资者应该高度分散，但不能频繁交易，他们的投资应该和成本极低的指数型基金差不多。只要持有美国的一部分即可，这样投资，是相信持有美国的一部分会得到很好的回报，我对这样的做法毫无异议。对于普通投资者来说，这么投资是正路。

如果想积极参与投资活动，研究公司并主动做投资决策，那就不一样了。既然你走上研究公司这条路，既然你决定投入时间和精力把投资做好，我觉得分散投资是大错特错的。那天我在SunTrust时说到过这个问题。要是你真能看懂生意，你拥有的生意不应该超过六个。

要是你能找到六个好生意，就已经足够分散了，用不着再分散了，而且你能赚很多钱。我敢保证，你不把钱投到你最看好的那个生意，而是再去做第七个生意，肯定会掉到沟里。靠第七个最好的生意发家的人很少，靠最好的生意发家的人很多。所以，我说任何人，在资金量一般的情况下，要是对自己要投资的生意确实了解，六个就很多了，换了是我的话，我可能就选三个我最看好的。我本人不搞分散。我认识的投资比较成功的人，都不搞分散，沃尔特·施洛斯是个例外，沃尔特的投资非常分散，他什么东西都买一点儿，什么东西都来两个。"

其实，巴菲特并不反对分散，而是反对过度分散，反对盲目分散。巴菲特的投资是相对集中的，但也不是孤注一掷。

对于投资来说，分散化要考虑两个边界：一个是能力圈，另一个是精力圈。

我们不能为了分散买我们看不懂的东西，不懂不碰是投资界的一条准则，把资金投资到自己不熟悉的领域，不是分散风险，反而可能增加了风险。不盲目分散，说的是我们的能力圈。过度分散，说的是我们的精力圈。研究投资标的需要精力，而人的精力是有限的，一个人可以研究透彻并且跟踪的标的数量也是有限的。另外，增加投资标的获得的边际分散效果是随标的数量递减的，当你只有两只股票时，第三只股票会为你带来很大的分散效果；当你已经持有十只股票时，第十一只为你带来的分散效果已经微乎其微，而过度的分散反而会让你顾此失彼。

分散还要考虑相关性。如果你买了万科、保利、金地集团、招商地产，这不叫分散化，它们都是地产股，它们的相关性太强，几乎是同涨同跌的，受政策的影响也几乎是一致的。分散风险要选择相关性低的标的去构建投资组合，一荣俱荣、一损俱损的标的不具有分散化效果。

讲到这里，我并没有提到马科维茨的投资组合理论，但这一理论其实是分散化投资的基础理论，我还是简单讲一点，希望大家可以捕捉到它的精髓。在金融分析中，用什么来描述一只股票的特性呢？最重要的两个特性就是收益率和风险，收益率用期望或者均值来表示，你可以认为是历史上的每年或每月的收益率的平均值。风险一般用方差或标准差表示，简单理解就是波动，你也可以用历史数据把年收益率或月收益率的标准差求出来，然后描述这只股票的风险。股票之间的关系用什么描述呢？协方差或相关系数，如果是正相关就代表同涨同跌，如果是负相关就是此起彼伏。

假设篮子里已经有了一只股票A，它的收益率（均值）为10%，标准差（风险）为12%，假如又在篮子里加入一只股票B，它的收益率（均值）为15%，标准差（风险）为20%，那么这个组合的收益率就是A和B的收益率的加权平均值，假设为14%。而A和B这个组合的风险并不是用简单的加权平均求出来的，如果A和B之间的相关性很小，或者负相关，这个组合的风险可能会接近12%，甚至小于12%。所以，我们加入一只收益率和风险都更高的股票，组合的收益率得到了明显提高，而风险可能只增加了一点点，甚至可能是降低的。这就是马科维茨投资组合理论的魅力。

投资组合理论是指若干种证券组成的投资组合，其收益是这些证券收益的加权平均数，但其风险不是这些证券风险的加权平均风险，投资组合能降低非系统性风险。

金融上把风险分为系统性风险和非系统性风险。系统性风险又称市场风险，你可以简单理解为大盘的风险，我们知道大盘涨，个股也容易涨，大盘跌，个股也跟着跌。系统性风险或者叫市场风险是无法通过分散化投资分散掉的，在这艘大船上就注定要与这艘大船一起经历风风雨雨，惊涛骇浪。简单来说，系统性风险就是"风雨同舟"。

非系统性风险也称个股风险，如某公司财务造假，决策失误等，这个风险可以靠构建资产组合分散掉。

投资组合理论告诉我们，通过分散投资，可以在不降低收益率的情况下，把风险控制到较低水平，减少了整体投资的波动。

下面我想问一个问题："降低波动有什么好处？"

我知道很多人都不关心风险，认为期望收益率更重要，如果期望收益率是15%，今年40%，明年-10%，其实无所谓。那是不是真的无所谓呢？

假设有两种投资，每年的期望收益率都是15%。一种是每年收益率都是15%，以15%的收益率稳定增长。另一种是涨一年跌一年，涨的时候以40%收益率涨，跌的时候以-10%的收益率跌。大家更喜欢哪一种呢？

如下图所示，通过复利计算，30年后，第二种形式的收益不到第一种形式的一半。

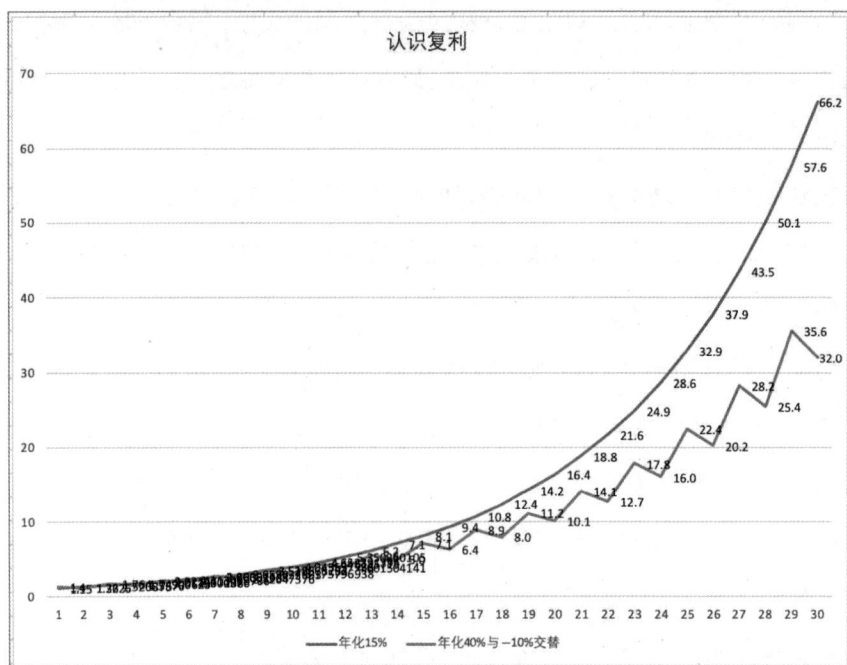

认识复利

这说明，虽然都是每年15%的期望收益率，小波动比大波动拥有更好的收益。

这就是几何平均收益率和算术平均收益率的区别。按算术平均收益率，两者一样，都是每年15%。按几何平均收益率算，第二种形式被超越。但是，我们的财富积累是按几何平均收益率算的，是按复利计算的，收益率的稳定很重要。在不降低期望收益率的情况下，降低波动有其非常重要的意义。

四、价值投资，人人都可以懂

大家谈起价值投资，总是会想起巴菲特。这位投资界的"大师"，在自己漫长的投资生涯中，积累了大量的财富，长期跻身于世界富豪排行榜前五位，曾一度问鼎世界首富的宝座。

聪明和智慧是一对近义词，而小聪明和大智慧却是彻头彻尾的反义词。资本市场中的参与者大部分都是聪明人，即使是散户也不例外，他们每日盯盘，听股评，看图形，打听消息，每天匆匆忙忙过着焦躁不安的投资生活，最终却只能落得七亏二平一赚。

投资是为了让我们的生活更美好，如果不是，那么我们为什么要选择投资呢？

我一直认为，这种静与慢的投资智慧才是价值投资最有魅力的地方。在烦杂跌宕的资本市场，能保持一种从容是多么难能可贵。我们不必每日盯盘，这就避免了投资和工作的时间冲突，我们可以安心地把时间投入到工作、学习中去。把目光放长远，就避免了短期的涨跌带来的焦躁不安。

在当今这个时代，各种信息都在吸引我们的眼球，占领我们的心智，手机成了我们的一个"器官"。同时，竞争带来了巨大的压力，让我们疲于奔命。选择静与慢，选择价值投资，不仅是选择一种投资方式，更重要的是选择一种生活方式。

什么是价值投资呢？

《资本论》第一卷中就讲了价值规律，搞清楚什么是价值，什么是价格，价值与价格有什么关系，也就理解了什么是价值投资。

《资本论》的价值规律讲的是商品市场，而我们谈的是资本市场，本质上它们都是市场，所以，其中也必然存在着某种很强的相似性。万变不离其宗，事物的本质往往都是简单而美好的。

《资本论》中的价值规律如下：

- 商品的价值由社会必要劳动时间决定。
- 商品的价格由供给和需求决定，供过于求，价格下降；供不应求，价格上升。
- 商品的价格受供求关系的影响，围绕价值上下波动，这是价值规律的表现形式。
- 商品的价格与价值相一致是偶然的，不一致是经常发生的，价格的变化反过来也可以影响供求关系，使得价格不断围绕价值上下波动。

资本市场中的价值规律如下：

- 资产的价值是由资产能够产生的未来现金流的折现决定的。

- 资产的价格由供给和需求决定，供过于求，价格下降；供不应求，价格上升。

- 资产的价格受供求关系的影响，围绕价值上下波动，这是价值规律的表现形式。

- 资产的价格与价值相一致是偶然的，不一致是经常发生的，价格的变化反过来也可以影响供求关系，使得价格不断围绕价值上下波动。

通过对比发现，两者的描述基本上一样，为什么呢？

价值规律，描述的是商品交换的基本经济规律，投资本质上也是一种交换，是两种现金流的交换。前面讲过这个知识点，投资就是用现在的现金流去换别人未来的现金流。

什么是价值投资呢？所谓价值投资就是以价值为研究对象的投资方式，通过基本面分析对投资标的进行估值，如果现在价格低于价值就买入，如果价格高于价值就卖出。那么有没有以价格为研究对象的投资方式呢？当然有，通常所说的技术分析，就是以价格和交易量为研究对象的投资方式，技术分析不关心投资标的真实价值，只关心标的接下来是涨还是跌。

我经常拿洗脸盆来举例。如果一个洗脸盆的价值是20元，现在它在市场上卖10元，这时价格低于价值，我们就会买入，虽然我们不知道什么时候这个洗脸盆的价格能涨到20元，但我们知道的是我们买的不贵，并且相信这个洗脸盆早晚能涨到20元，因为根据价值规律，价格以价值为中心围绕价值上下波动。这个洗脸盆的价格可能接下来并不会上涨，而且可能继续跌到8元，甚至5元，这时价值投资者可能不会恐惧，反而变得贪婪，因为他可以用更低的价格去继续买入洗脸盆。

上面是价值投资的投资逻辑，也称逆向投资，巴菲特有句名言"别人贪婪时我恐惧，别人恐惧时我贪婪"讲的就是这个道理。为什么别人恐惧时，他敢于贪婪，是因为他信仰价值，他心里明确地知道他花了很少的钱买到了贵重的东西。

技术分析的投资逻辑。如果一个洗脸盆的价值是20元，现在它在市场上卖30元，技术分析会怎么想？技术分析根本不关心这个洗脸盆到底值多少钱，他们只关心这个洗脸盆能不能涨？他们会分析过去一段时间的价格波动，分析交易量，试图从这些数据中推断出洗脸盆接下来是涨还是跌。如果他们认为这个洗脸盆能继续涨到35元，甚至40元，他们就会买入。在他们眼中这个洗脸盆有多少价值根本不重要，只要它接下来会涨就足够了。所以，技术分析的投资者每个交易日都在盯盘，去看图形，去听消息，只是为了判断出明天股价是涨还是跌。

交易赚钱的本质是低买高卖，这句话永远不会错，但是低买高卖却有两种实现方式。一种是高抛低吸，所谓高和低是以价值为参照的，属于价值投资范畴；另一种是追涨杀跌，所谓涨和跌是以价格为参照的，属于技术分析范畴，如下图所示。

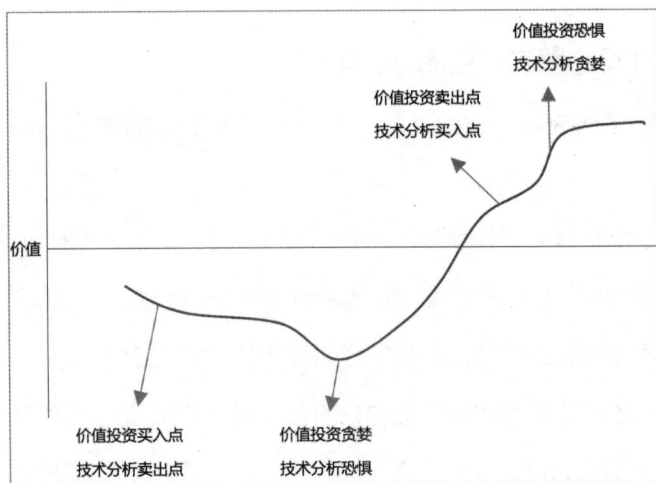

我们用遛狗来做个非常形象的比喻。股市中价值和价格的关系就像是人和狗的关系。遛狗时，狗有时跑在人的前面，有时跑在人的后面，有时离人近一些，有时离人远一些。人慢慢往前走，狗围绕着人跑来跑去，有时它跑得太远了，你甚至有些担心，但是最终它都会跑回来。我们判断狗接下来会跑向哪里很难，但它无论如何最终都会跑到主人身边，价格就是那条狗，我们预测价格的涨跌也很难，但它无论如何总有一天会回到价值的身边。价值投资认为研究遛狗的人比研究狗更有意义。

那么研究价值容易吗？答案是并不容易。是的，我们举例说一个洗脸盆的价值是20元，可是你凭什么说它值20元？一个洗脸盆还简单一些，如果是一只股票呢？你怎么知道它的价值到底是多少？在现实的世界中，我们只能看到它的价格。

价值是神秘的，但它可靠；价格是可见的，但它无常。我们是愿意研究一个神秘却可靠的东西，还是愿意研究一个可见却无法预料的东西呢？

研究一只股票的价值，就是金融中讲的估值。估值有很多模型，有绝对估值法，也有相对估值法，但无论什么方法，我们都只能得出一个模糊的正确。估值既是一种技术，也是一种艺术，但在投资的世界中，模糊的正确比精确的错误更有意义。

五、做时间的朋友，做波动的伴侣

人们总是高估自己一年的变化，却低估坚持十年的成就，在投资中尤其如此。

查看巴菲特的财富增长曲线，会发现他的大部分财富是在他60岁以后积累的，尽管如此，他也一直是个富人。我们说他的大部分财富是60岁以后积累的，并不意味着他财富的指数级增长是在60岁时开始的，其实指数级增长一直都在，他在56岁以前的财富增长也足够惊人。21岁时他拥有2万美元，30岁时100万美元，43岁时3 400万美元，56岁时14亿美元，66岁时170亿美元，83岁时585亿美元。

从巴菲特的财富增长曲线中我们能获得什么样的财富密码呢？

（1）投资只能使人慢慢变富（大部分财富是60岁以后积累的）。

（2）本金很重要（19～30岁，财富从2万美元增长到100万美元，增长了50倍，然而绝对收益只有98万美元；47～58岁，财富从6 700万美元增长到23亿美元，只增长了34倍，然而绝对收益却有22.33亿美元）。

（3）投资要趁早（假如巴菲特从43岁才开始投资，本金为2万美元，到66岁时他只有1 000万美元，而真实的巴菲特是21岁时以2万美元本金投资的，66岁时他有了170亿美元，早投资22年让他多获益了169.9亿美元）。

本金很重要，时间和本金一样重要。我们大多数人都是平凡人，都是工薪族，在本金上我们可能无能为力，那么在时间上就让我们早一点儿开始，多一点儿耐心。

假如我们的投资期限是30年，从25岁开始投资，每年投资10万元，见下图，年化收益率15%，我们在35岁时将拥有243万元，在45岁时将拥有1 188万元，在55岁时将拥有5 009万元。

（每年投资额10万，年化收益率15%）

投资期限（年）	0	1	2	3	4	5	6	7	8	9	10	11	12	13	14	15	16	17	18	19	20	21	22	23	24	25	26	27	28	29	30
	10	11.5	13.2	15.2	17.5	20.1	23.1	26.6	30.6	35.2	40.5	46.5	53.5	61.5	70.8	81.4	93.6	108	124	142	164	188	216	249	286	329	379	435	501	576	662
		10	11.5	13.2	15.2	17.5	20.1	23.1	26.6	30.6	35.2	40.5	46.5	53.5	61.5	70.8	81.4	93.6	108	124	142	164	188	216	249	286	329	379	435	501	576
			10	11.5	13.2	15.2	17.5	20.1	23.1	26.6	30.6	35.2	40.5	46.5	53.5	61.5	70.8	81.4	93.6	108	124	142	164	188	216	249	286	329	379	435	501
				10	11.5	13.2	15.2	17.5	20.1	23.1	26.6	30.6	35.2	40.5	46.5	53.5	61.5	70.8	81.4	93.6	108	124	142	164	188	216	249	286	329	379	435
					10	11.5	13.2	15.2	17.5	20.1	23.1	26.6	30.6	35.2	40.5	46.5	53.5	61.5	70.8	81.4	93.6	108	124	142	164	188	216	249	286	329	379
每年投资额10万						10	11.5	13.2	15.2	17.5	20.1	23.1	26.6	30.6	35.2	40.5	46.5	53.5	61.5	70.8	81.4	93.6	108	124	142	164	188	216	249	286	329
							10	11.5	13.2	15.2	17.5	20.1	23.1	26.6	30.6	35.2	40.5	46.5	53.5	61.5	70.8	81.4	93.6	108	124	142	164	188	216	249	286
								10	11.5	13.2	15.2	17.5	20.1	23.1	26.6	30.6	35.2	40.5	46.5	53.5	61.5	70.8	81.4	93.6	108	124	142	164	188	216	249
									10	11.5	13.2	15.2	17.5	20.1	23.1	26.6	30.6	35.2	40.5	46.5	53.5	61.5	70.8	81.4	93.6	108	124	142	164	188	216
										10	11.5	13.2	15.2	17.5	20.1	23.1	26.6	30.6	35.2	40.5	46.5	53.5	61.5	70.8	81.4	93.6	108	124	142	164	188
年化收益率15%											10	11.5	13.2	15.2	17.5	20.1	23.1	26.6	30.6	35.2	40.5	46.5	53.5	61.5	70.8	81.4	93.6	108	124	142	164
												10	11.5	13.2	15.2	17.5	20.1	23.1	26.6	30.6	35.2	40.5	46.5	53.5	61.5	70.8	81.4	93.6	108	124	142
													10	11.5	13.2	15.2	17.5	20.1	23.1	26.6	30.6	35.2	40.5	46.5	53.5	61.5	70.8	81.4	93.6	108	124
														10	11.5	13.2	15.2	17.5	20.1	23.1	26.6	30.6	35.2	40.5	46.5	53.5	61.5	70.8	81.4	93.6	108
															10	11.5	13.2	15.2	17.5	20.1	23.1	26.6	30.6	35.2	40.5	46.5	53.5	61.5	70.8	81.4	93.6
																10	11.5	13.2	15.2	17.5	20.1	23.1	26.6	30.6	35.2	40.5	46.5	53.5	61.5	70.8	81.4
																	10	11.5	13.2	15.2	17.5	20.1	23.1	26.6	30.6	35.2	40.5	46.5	53.5	61.5	70.8
																		10	11.5	13.2	15.2	17.5	20.1	23.1	26.6	30.6	35.2	40.5	46.5	53.5	61.5
																			10	11.5	13.2	15.2	17.5	20.1	23.1	26.6	30.6	35.2	40.5	46.5	53.5
																				10	11.5	13.2	15.2	17.5	20.1	23.1	26.6	30.6	35.2	40.5	46.5
																					10	11.5	13.2	15.2	17.5	20.1	23.1	26.6	30.6	35.2	40.5
																						10	11.5	13.2	15.2	17.5	20.1	23.1	26.6	30.6	35.2
																							10	11.5	13.2	15.2	17.5	20.1	23.1	26.6	30.6
																								10	11.5	13.2	15.2	17.5	20.1	23.1	26.6
																									10	11.5	13.2	15.2	17.5	20.1	23.1
																										10	11.5	13.2	15.2	17.5	20.1
																											10	11.5	13.2	15.2	17.5
																												10	11.5	13.2	15.2
																													10	11.5	13.2
																														10	11.5
																															10
财富积累	10	21.5	34.7	49.9	67.4	87.5	111	137	168	203	243	290	343	405	476	557	651	758	882	1024	1188	1376	1593	1842	2128	2458	2836	3271	3772	4347	5009

假如我们的初始本金是100万元，以后还是按每年10万元投资，那么10年后我们将拥有608万元，20年后为2 661万元，30年后约为1.1亿元，见下图。

（每年投资额10万，年化收益率15%）

投资期限（年）	0	1	2	3	4	5	6	7	8	9	10	11	12	13	14	15	16	17	18	19	20	21	22	23	24	25	26	27	28	29	30
	100	115	132	152	175	201	231	266	306	352	405	465	535	615	708	814	936	1076	1238	1423	1637	1882	2164	2489	2863	3292	3786	4354	5007	5758	6621
		10	11.5	13.2	15.2	17.5	20.1	23.1	26.6	30.6	35.2	40.5	46.5	53.5	61.5	70.8	81.4	93.6	108	124	142	164	188	216	249	286	329	379	435	501	576
			10	11.5	13.2	15.2	17.5	20.1	23.1	26.6	30.6	35.2	40.5	46.5	53.5	61.5	70.8	81.4	93.6	108	124	142	164	188	216	249	286	329	379	435	501
				10	11.5	13.2	15.2	17.5	20.1	23.1	26.6	30.6	35.2	40.5	46.5	53.5	61.5	70.8	81.4	93.6	108	124	142	164	188	216	249	286	329	379	435
					10	11.5	13.2	15.2	17.5	20.1	23.1	26.6	30.6	35.2	40.5	46.5	53.5	61.5	70.8	81.4	93.6	108	124	142	164	188	216	249	286	329	379
						10	11.5	13.2	15.2	17.5	20.1	23.1	26.6	30.6	35.2	40.5	46.5	53.5	61.5	70.8	81.4	93.6	108	124	142	164	188	216	249	286	329
							10	11.5	13.2	15.2	17.5	20.1	23.1	26.6	30.6	35.2	40.5	46.5	53.5	61.5	70.8	81.4	93.6	108	124	142	164	188	216	249	286
								10	11.5	13.2	15.2	17.5	20.1	23.1	26.6	30.6	35.2	40.5	46.5	53.5	61.5	70.8	81.4	93.6	108	124	142	164	188	216	249
									10	11.5	13.2	15.2	17.5	20.1	23.1	26.6	30.6	35.2	40.5	46.5	53.5	61.5	70.8	81.4	93.6	108	124	142	164	188	216
每年投资额10万										10	11.5	13.2	15.2	17.5	20.1	23.1	26.6	30.6	35.2	40.5	46.5	53.5	61.5	70.8	81.4	93.6	108	124	142	164	188
											10	11.5	13.2	15.2	17.5	20.1	23.1	26.6	30.6	35.2	40.5	46.5	53.5	61.5	70.8	81.4	93.6	108	124	142	164
												10	11.5	13.2	15.2	17.5	20.1	23.1	26.6	30.6	35.2	40.5	46.5	53.5	61.5	70.8	81.4	93.6	108	124	142
													10	11.5	13.2	15.2	17.5	20.1	23.1	26.6	30.6	35.2	40.5	46.5	53.5	61.5	70.8	81.4	93.6	108	124
年化收益率15%														10	11.5	13.2	15.2	17.5	20.1	23.1	26.6	30.6	35.2	40.5	46.5	53.5	61.5	70.8	81.4	93.6	108
															10	11.5	13.2	15.2	17.5	20.1	23.1	26.6	30.6	35.2	40.5	46.5	53.5	61.5	70.8	81.4	93.6
																10	11.5	13.2	15.2	17.5	20.1	23.1	26.6	30.6	35.2	40.5	46.5	53.5	61.5	70.8	81.4
																	10	11.5	13.2	15.2	17.5	20.1	23.1	26.6	30.6	35.2	40.5	46.5	53.5	61.5	70.8
																		10	11.5	13.2	15.2	17.5	20.1	23.1	26.6	30.6	35.2	40.5	46.5	53.5	61.5
																			10	11.5	13.2	15.2	17.5	20.1	23.1	26.6	30.6	35.2	40.5	46.5	53.5
																				10	11.5	13.2	15.2	17.5	20.1	23.1	26.6	30.6	35.2	40.5	46.5
																					10	11.5	13.2	15.2	17.5	20.1	23.1	26.6	30.6	35.2	40.5
																						10	11.5	13.2	15.2	17.5	20.1	23.1	26.6	30.6	35.2
																							10	11.5	13.2	15.2	17.5	20.1	23.1	26.6	30.6
																								10	11.5	13.2	15.2	17.5	20.1	23.1	26.6
																									10	11.5	13.2	15.2	17.5	20.1	23.1
																										10	11.5	13.2	15.2	17.5	20.1
																											10	11.5	13.2	15.2	17.5
																												10	11.5	13.2	15.2
																													10	11.5	13.2
																														10	11.5
																															10
财富积累	100	125	154	187	229	269	319	377	443	520	608	709	825	959	1113	1290	1493	1727	1996	2305	2661	3070	3541	4083	4705	5421	6243	7189	8278	9529	10968

本金很重要，时间也很重要，做时间的朋友，早一点儿开始，一样可以赢得不错的财富人生。

假设我们每年能拿到15%的收益，可是现实中的投资很可能是今年赚50%，明年亏20%，也就是"股市有风险，入市需谨慎"。接下来我们谈一下时间和风险的关系。为了获取更多的数据，我选取了美股标普500指数，时间从1970年1月至2020年12月。

毫无疑问，长期的股市走势肯定是上涨的，标普500指数在1970年1月为85点，在2020年12月上涨到3 756点，51年的时间上涨了44.2倍，年复合收益率约为7.7%。

股市每天都在涨涨跌跌，标普500指数也不例外。

在2 600多个星期里，上涨周的占比为56.3%，下跌周的占比为43.7%，这也就意味着如果投资期限只有一周，获胜的概率只有56.3%。

在600多个月里，上涨月的占比为60.4%，下跌月的占比为39.6%，如果投资期限是一个月，获胜的概率就上升到60.4%。

在51年里，上涨年的占比为74.5%，下跌年的占比为25.5%，如果投资期限是一年，获胜的概率就上升到74.5%。

如果以任意5年为投资期，上涨的占比为76.1%，下跌的占比为23.9%。

如果以任意10年为投资期，上涨的占比为92.7%，下跌的占比为7.9%。

大家是否看出其中的规律，如果以10年为投资期，获胜的概率高达92.7%，10年期的平均收益率约为134%。只有在1998年、1999年、2000年买入，在2008年金融危机后的2008年、2009年、2010年卖出是亏钱的。如果投资期限是15年，那么将不可能亏钱，而且15年期的平均收益率约为259%。

波动就是风险，对于投资者来讲，投资期限越短，面临的风险就越大，投资期限越长，面临的风险就越小。在各种资产类别中，收益越大，风险越大，也就是所谓高风险、高收益，长期投资可以让我们获得高收益的同时，把高风险降下来，甚至可以降到低风险。所以，股市短期有风险，而且风险很大，长期风险很小。

如果你是一个长期投资者，可以选择高风险、高收益的资产。如果你的投资期限是20年，投资收益几乎100%可以战胜银行利息，即使你很不幸在历史高点买入，在金融危机时卖出，你也一样可以战胜银行的存款利率。

下面来介绍风险。

风险分为两种：一种把它称为波动；另一种称为本金永久损失的风险。在投资中，波动并不可怕，完全可以靠拉长投资期限把它解决掉，而本金永久损失的风险才是真正的风险。以沪深300指数为例（见下图），2008年和2015年用箭头标注的大跌，可以称为本金永久损失的风险，本金永久损失并不意味着真的永久损失了，而是为了表明这种回撤的杀伤力巨大，一方面是下跌幅度巨大，腰斩或接近腰斩；另一方面是恢复期漫长，可能需要5年、10年才能再创历史新高。人生有几个10年，即使我们是长期投资者，如此痛苦的漫漫长夜和由此带来的低回报率，也足以击溃一个投资者的内心。

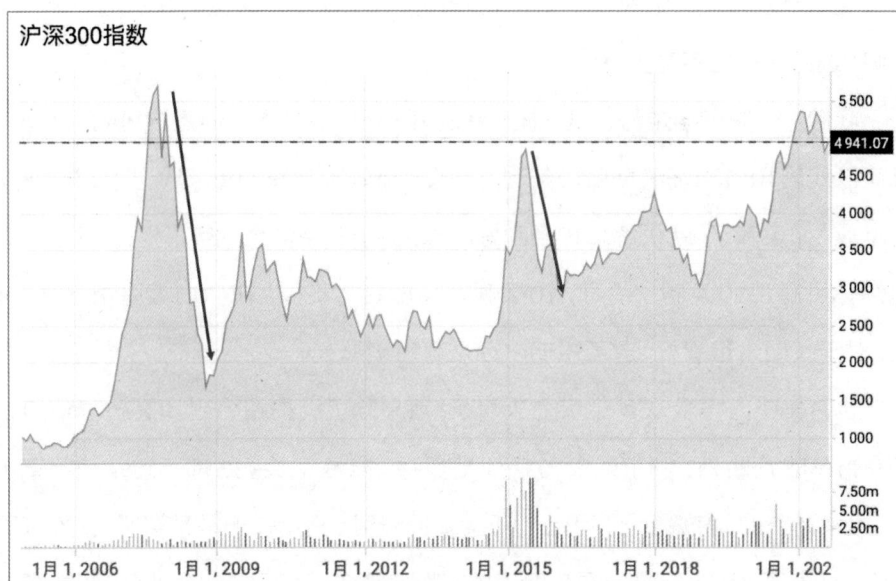

本金永久损失的风险，在这里不做深入探讨。接下来介绍波动。

短期的股市走势是不可预测的，就像喝醉酒的汉子，他下一步迈向左边，还是迈向右边，是随机的，迈的步幅大小也是随机的。如果把股市的涨跌作为一个函数$f(x,y,z,\cdots)$，那么它的因子数量肯定是巨大的，每个因子贡献的力量也是难以预测的，并且这些因子之间还具有相关性，z的变化除了会直接引起f的变化外，还可能会通过引起x和y的变化来间接引起f的变化，它们的关系不仅千丝万缕，而且还极不稳定，这个函数的因子在随时变化，这个函数的关系式也在随时变化。

波动是无法避免的，是我们必须要承受的。这种属于正常波动的下跌，我们躲不了，也不要去躲。躲正常波动类的下跌，其实就是波段操作，做波段其实就是择时，择时在投资中是最难的。2020年春节后的第一个交易日，上证指数下跌7.72%，深证成指下跌8.45%，当天成功逃出的投资者在各种论坛的言语中透露着暗自庆幸的意味，各种股评节目也大多认为股市还会继续大幅下跌，可是第二天股市就迎来了反转，而且连涨8个交易日，没有给下车的人任何机会，他们完美地躲过了下跌，也完美地躲过了上涨。当时的上证指数不过2 900点，不可能会遭受本金永久损失的风险，为什么要躲呢？反过来想，这次大跌不是天上掉馅饼吗，选择加仓岂不是更好？

我们对于股市的走势总是习惯于从利好和利空去判断，但是这可靠吗？每天都可以找到10条利好消息和10条利空消息，那些股评家们每天收盘后讲起来头头是道，如果涨了，就讲解那10条利好消息，关于利空消息只字不提；如果跌了，就给你讲解那10条利空消息，10条利好消息只字不提。在他们嘴里永远是5成仓，对于长期永远看好，对于短期永远是事后诸葛亮。

也有一些人喜欢从多头和空头判断，可是除了机构投资者和某些价值投资者有自己的判断外，剩下的参与者谁是多头，谁是空头呢？都不过是墙头草罢了。本来看空的，打算卖了，可是一开盘发现涨得还不错，于是又买了点；本来看多的，打算再买点，但是一看盘面不妙，撒腿就跑。他们如此不可靠，你能预测他们的行为吗？你能靠揣测他们的心理，预测明天的股市走势吗？

波动其实不是我们的敌人，而是我们可以利用的工具，在它贪我们的财时，是在给我们继续加仓的机会。

第二章

认识自我

　　现在我们打算开启自己的投资理财生涯了，需要思考的第一件事情是什么呢？

　　我遇到过不少同事、朋友在讨论投资时，基本上第一个问题就是你觉得哪只股票和基金会涨，告诉我直接买即可。似乎投资就是找一只涨得好的股票和基金投资就行。似乎造成大家投资成功或失败的原因只是能不能"慧眼识珠"。似乎在大家的概念里，择股择基能力+运气=投资成功或失败。

　　其实很多人投资失败的原因不在选择的股票和基金上，而是在对自己的认知上。认识自我是开启投资的第一步，而且是不能忽略的一步。

　　投资和找对象非常相似，讲究门当户对，世间的男女有千好万好，但只有适合自己的才好，只有适合自己的才能结成美满的姻缘。

　　投资和过日子也非常相似，很多看起来本应幸福的家庭却整日争吵不休，最终以婚姻失败收场。很多时候问题其实是出在我们自己身上，对方可能一直是这样的，只是我们的心理出了问题。

　　投资中分为主体和客体，主体是我们自己，客体是资本市场。在投资中，既要研究资本市场，也要研究自己，知己知彼，百战不殆。在开始投资前，下面的这些问题我们必须要搞清楚。

　　我为什么要投资理财？

　　我的财务状况是什么样的？

　　我打算拿出多少钱投资？

　　我近一两年有没有大额开支？

　　我的投资期限是多久？

　　我的风险承受能力怎么样？

　　我的风险承受意愿如何？

　　有什么样的心理问题是我尽量要避免的？

一、为自己做张资产负债表

为了搞清楚自己的财务状况，首先需要搞清楚一些概念。

1. 什么是资产

资产是指由企业过去的交易或事项形成的、由企业拥有或者控制的、预期会给企业带来经济利益的资源。当然也可以把这个概念用在家庭和个人身上，资产就是能够为我们带来预期的经济利益，带来预期现金流入的资源。

房子是不是我们的资产？如果用于出租，可以产生租金收入的，毫无疑问这是资产。如果用于投资，希望获得资本增值的，这也是资产。如果仅仅是为了买个房子用来自住，那它就不是资产。

车子是资产吗？如果车子可以提升我们的效率，帮助我们赚更多的钱，那它就是资产。如果仅仅是停在那里，或者用于休闲，那它就不是资产。

如果我们拥有或者控制的，却不能为我们带来经济利益的东西就不是资产，那它是什么呢？我认为可以把它叫作财产。财产不等于资产，资产也不等于财产。

如果我们拥有一家公司的股权，可以获得股权的增值和分红，所以，股权是我们的资产。

如果我们拥有一本书的版权，每年都可以获得版税收入，那么版权也是我们的资产。

如果我们每天工作，每个月都可以获得工资收入，所以，人力资本也是我们的资产。人力资本是一个重要的概念，它是我们未来工资收入的折现值。我们越年轻，工作能力越强，这个折现值就会越大，随着我们年纪越来越大，未来能获得的工资收入也越来越少，退休后我们就没有工资收入，人力资本也就变成零。

我们还有退休金账户，等退休后每个月都可以领养老金，所以，退休金账户也是我们的资产。

一个东西是不是资产,关键是看它能不能为我们带来预期的经济利益,而不是看它价值几何。所以,手指上的钻戒,手腕上的名表,停在车位上的豪车,超出我们承受范围的豪宅,都不是资产,它们只能被称为财产,甚至还可能是负债。

2. 什么是负债

负债是指企业过去的交易或者事项形成的,预期会导致经济利益流出企业的现时义务。当然这个概念也可以用在家庭和个人身上,负债就是预期会带来经济利益流出的东西。

房子不一定是我们的资产,但房贷一定是我们的负债,我们需要每个月为它还本付息。

车子也不一定是我们的资产,但车子一定是我们的负债,我们需要每年为它交保险费用,还要支付油费、过路费、维修保养费,同时车子还有折旧费。

人活着总离不开柴米油盐,离不开衣食住行,未来的日常开销也是我们的负债。

也许我们还有个环球旅行的梦想,这个梦想也是一种负债。

子女未来的教育支出也是一种负债。

我们还想为子女准备婚房,还想为子女留些遗产,这些也是我们的负债。

现在可以把我们的资产负债表列出来。资产负债表又称T形表,把资产列在左侧,把负债列在右侧,见下图。

资产负债表

资产	负债
储蓄	房贷
金融资产	车贷
投资性房地产	子女教育支出的现值
版权	预期捐赠的现值
……	……
人力资本	未来生活开支的现值

通过这个资产负债表，我们观察到了什么？

左边是我们的能力，右边是我们的欲望。左边是我们赚钱的能力，右边是我们花钱的欲望。

如果左边大于右边，代表我们比较富有，我们有很多储蓄，有很多金融资产，有很多固定资产，我们的收入也比较高，衣食无忧，财务自由，虽然我们有很多想法，但是我们从来不用为了钱发愁。或者我们只是一个普通家庭，但是好在我们也没什么欲望，只想过平平淡淡的一生，有一个小屋遮风挡雨，每天能吃饱喝足就已经心满意足了。

如果右边大于左边，代表我们的能力不足以支撑我们的欲望，我们的钱不多，几乎没什么财产性收入，工资收入也比较普通，但是我们却想住大房子，想买豪车。要解决这个矛盾，只有两种方式，要么提升我们的能力，要么降低我们的欲望。

分析资产端就会发现，金融资产、投资性房地产、版权就像一口口井，它们能源源不断地为我们带来经济利益，即使我们不工作也不会影响这种收入的来源，我们把这类收入叫作被动收入。而人力资本就像挑水，我们必须每天付出8小时的工作，如果我们停下来，就不会有人支付我们工资，如同我们停止挑水就不会有水喝一样，我们把这类收入叫作主动收入。

怎样才能把左边做大呢？简单来说就是"三板斧"。

第一板斧，把左侧的人力资本做大。我们可以提升"挑水"的能力，以前一天只能挑两桶水，我们可以提升到一天挑五桶，甚至十桶。在现实世界里，就是要提升我们的业务能力，要学会投资自己，不断学习，使自己越来越强大。

第二板斧，把金融资产做大。可以把自己的井挖大、挖深，可以把工作赚到的一桶桶金，抛去开支，都投入我们的金融资产中，让我们的资产基数大起来。

第三板斧，提高金融资产的收益率。简单来说就是提升挖井能力，不断学习投资知识，提升我们的投资能力，让资本金产生更大的效益。

人的精力和资源是有限的，这三板斧怎样搭配才能发挥最大作用呢？

其实非常简单，看你资产端的状况就可以，如果你的金融资产占比很大，如何发挥金融资产的威力就很重要。如果你的金融资产很少，而人力资本占比很大，那么挖掘人力资本的威力在短期内更重要。人生的过程其实是一个人力资本逐年减少，而金融资产逐渐增加的过程，人最大的悲哀就是人力资本逐渐随光阴而去，但是金融资产却没有积累起来。

在年轻时，没什么积蓄时，投资自己更为有效。在本金很少的情况下，要想获得丰厚的资本性收入是不现实的，如果我们只有2万元本金，一年即使翻一番也只不过赚2万元，如果我们有1 000万元，一年10%也有100万元收入，真正能改变我们生活的是收益，而不是收益率。对于普通人来说，投资的第一桶金往往来源于我们的工作，在年轻时投资自己比投资资本市场更为有效。

一般来说，当你的资本金达到两年的工资收入时，金融投资这件事也就逐渐变得越来越有意义。因为这时投资带来的被动收入，或许可以抵得上你三四个月的工资，如果行情比较好，甚至可以和你的工资收入平分秋色。

一方面，我们应该放一些精力在学习投资上，学会如何在风险可控的情况下获取较高的收益；另一方面，持续不断地把每个月的工资收入拿出一部分来增大我们的资产基数。在我们的资产基数达到10倍的工资年收入时，你会逐渐发现，我们再从每个月的工资中拿一部分投入到金融资产中的意义已经越来越小了，慢慢地，我们可以把赚到的工资大部分都花掉，以提升我们的生活水平。在我们的资产基数达到几十倍时，会发现我们不仅可以把赚的工资全花掉，甚至还可以伸手向金融资产要钱花了。

在投资的第一阶段，我们的第一桶金基本来源于工资收入。

在投资的第二阶段，我们的资产基数增长一方面来源于工资收入；另一方面来源于资产本身的增值。

在投资的第三阶段，我们的资产基数增长主要来源于它本身的增值。

在投资的第四阶段，我们可以伸手向资产基数要钱花了，我们的资产真正变成了一只可以下金蛋的鸡，而且在每天取一个金蛋的同时，这只鸡还在变得越来越大。

在投资理财中如何抉择，其实很大一部分取决于我们的资产负债表，以及我们如何看待这张资产负债表，希望这张资产负债表如何变化，见下图。

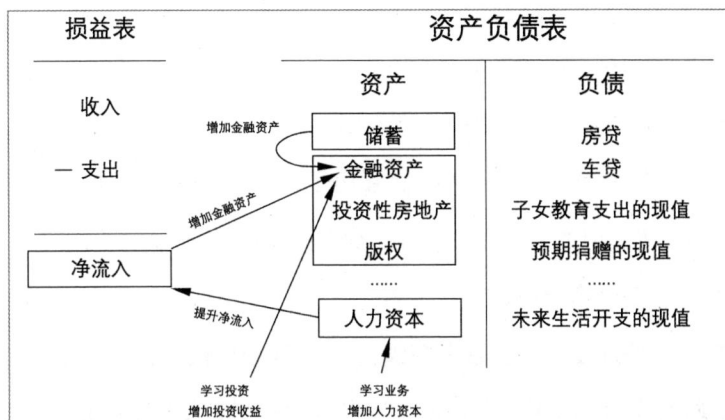

二、写下自己的投资目标

为什么要投资理财？

我的理财观一：理财是一辈子的事情，切勿打一枪就跑。

我的理财观二：理财只能使人慢慢变富，不要心存暴富的心理。

我的理财观三：理财要做到两个平衡，一个是对现金流的平衡，另一个是对资产配置的平衡。

正确的投资理财观非常重要，"是什么？为什么？怎么样？怎么办？"是我们思考问题应有的思路。很多人往往跳过前三问，只关心怎么办，这是比较危险的，尤其是在理财投资中。

理财是指对财务（财产和债务）进行管理，以实现财务的保值、增值为目的。"理财"与"投资理财"并用，因为"理财"中有"投资"，"投资"中有"理财"。

为什么要投资理财？

一种回答是，我投资理财是为了赚钱。这种回答太功利，如果把目光时刻盯在钱上，盈利时很容易担心下跌而尽快卖掉股票或赎回基金，落袋为安。亏损时，很容易为了回本而增加赌注，当继续下跌时，又容易因为害怕而斩仓出局。

当我们只盯着钱时，我们的情绪也会跟着市场大幅波动，因为每天的涨跌幅可能是我们一个月或几个月的工资，我们很难不为所动。

另一种回答是，投资理财是为了半年后买辆车。这种回答太急功近利，如果为投资设置短期目标，很可能你会失望的。

投资理财的目的应该设置得大一些、远一些。

例如，孩子的教育基金、十年后换套房子、退休后来次全球旅行、为自己留下足够的财富、为了退休后的生活质量。我投资理财的理由有两个。

第一个理由是财务自由。

财务自由也被网友们分了很多等级，如菜场自由、饭店自由、旅游自由、工作自由、房子自由等。但我认为这都不是财务自由的最好解释，在我心中财务自由最好的解释是被动收入大于日常支出，这就代表着即使我们不工作，也可以正常生活，正常生活的意思是不降低生活水平。财务自由本身是一种选择自由，只有不为生活所迫时，我们才真正从内心获得了选择的权利，可以无拘无束地追寻我们想要的生活方式。

第二个理由是平滑现金流。

有一个人生规律，是我们不得不理财的重要原因。在生命长河中，人对钱的需求一直存在，但是人能赚钱的年龄段却是相对固定的，这是我们不得不理财的一个重要原因，人要在年富力强时积累足够的财富，以保证自己退休以后的生活质量。

所谓理财，包含两个方面的内容：一方面是财富增值；另一方面是平滑现金流。很多人认为理财只是赚钱，这是片面的，很多人基金赚钱了就很快赎回来。打一枪就跑的心理是游击战，而理财更像阵地战。这就不得不说平滑现金流的作用了，我们年富力强时，现金流流进得多，流出得少，属于净流入，等退休后，现金流流入得少，流出得多，属于净流出。我们必须要统筹考虑，通过年富力强时盈余现金流的投资活动，为后续的人生积累更多的财富。无论你多有钱，如果赚一个花一个，那么后半生肯定是悲催的，有些人年轻时积累了大量的财富，然而被其挥霍一空，晚年穷困潦倒。

在投资之前，搞清楚我们投资的目的非常重要，以及为了达到这个目的，我们愿意承受多大的代价。

有些基民在基金上赚了一点钱就赶快止盈，号称"落袋为安"。这说明他们没有把基金当作一种资产配置，而是当作了一种筹码，所以潜意识里才有了袋内袋外之分，基金赚了钱就像获得了一笔意外之财，也有些基民为了投资而省吃俭用，把心思都花在了省钱上，为了买到便宜的菜可以多走两公里，把日子过成了"苦行僧"，其实投资是为了让我们的人生更美好，投资的目标要大、要远，要有定力，不要打一枪就跑；投资不能以牺牲生活品质为代价，投资理财不是为了过苦日子。

当目的明确以后，把它转化为我们的投资目标。

比如我们期望的投资收益率是多少？

我们愿意承受的风险是多少？

我们愿意拿出多少钱来投资？

我们的投资期限是多长？

三、风险承受能力和风险偏好

风险是客观存在的，可是在投资中打败我们的往往不是风险本身，而是风险对于我们意味着什么，以及我们面对风险的态度，所以风险又是主观的。

在客观世界中，我们研究风险和市场、风险和资产的关系，研究利率风险，研究信用风险，研究风险溢价，还研究系统性风险和非系统性风险。

在主观世界中，我们主要关心的是自己是不是能承受风险，愿不愿意承受风险。风险对于个人来说，分为风险承受能力和风险承受意愿。

1. 什么是风险承受能力

风险承受能力是指一个人有多大能力承担风险，也就是你能承受多大的投资损失而不至于影响你的正常生活。风险承受能力是相对客观的，需要综合衡量，与投资者年龄、个人资产状况、家庭情况、工作情况等有关。那么什么样的人风险承受能力强呢?

有一首歌叫《从头再来》,其中的一句歌词是"看成败人生豪迈,只不过是从头再来"。什么样的人能从头再来? 30岁还是60岁? 很明显,越年轻的人风险承受能力越强,时间是卷土重来的资本。

个人资产状况越好,风险承受能力越强。另外,家庭负担小,工作稳定的投资者,风险承受能力也更强。

2. 什么是风险承受意愿

风险承受意愿是指一个人有多大意愿承担风险,在承受多大投资损失时不至于影响正常心理。风险承受意愿是主观的,受个人的投资经验、心理、性格、爱好的影响较大。

有的人风险承受能力很强,但是风险承受意愿可能很弱。一点浮亏可能就会引起很大的心理问题,如无法安心工作、焦躁不安,甚至失眠多梦、神经衰弱。

一个人的投资意愿是随着投资能力和投资经验的变化而变化的,就像小马过河一样,当我们对资本市场有了更多的认知以后,会对风险有更好的认识,从恐惧风险,逐渐变为接受风险,最后进化为驾驭风险。当我们是投资小白时,可能认为风险是喜怒无常的"恶人",我们的第一反应是害怕,然后选择规避。当我们和风险相处久了,风险可能慢慢就变成了一个性格多变的同伴,我们学会了接受。当我们可以看透风险时,风险有时还可以为我们所用,事物都有两面性,危机,危的另一面是机。如果股市的走势图是一根缓缓斜向上的直线,那么任何人都不会有超额收益,本质上超额收益来源于对不确定性的理解。

当风险承受能力和风险承受意愿都较高时,毫无疑问,你的风险容忍度是较高的,可以多配置高风险、高收益的投资品种。

当风险承受能力和风险承受意愿都较低时,毫无疑问,你的风险容忍度是较低的,只能多配置低风险的投资品种。

当风险承受能力和风险承受意愿相矛盾时怎么办呢？这时你的风险容忍度要取两者之低。

当我们的风险承受能力很强，但是风险承受意愿比较弱时，可以多学习投资知识，随着对投资理财的理解越来越深，我们的投资意愿可能会逐渐变强，自我教育是解决这种矛盾最好的方式。如果还是无法提升风险承受意愿，也不要勉强自己，老老实实投资低风险的品种，毕竟投资是为了让我们的生活更美好，而不是把我们的生活搞得一团乱麻。

当我们的风险承受能力很弱，但是风险承受意愿很强时，是比较危险的。但现实中这样的人并不少，他们愿意承受风险，急切地希望通过投资来改善自己的经济状况。这种心态和赌博很像，他们愿意全部投入，甚至到处借钱动用杠杆，在改变命运的强力诱惑面前，他们过高地估计了这次成功的概率。因为风险承受能力弱，当遭遇大额损失时，反而把家庭带入了无尽的深渊。

在投资中，风险一定要与自身的风险容忍度相适应，任何超出自己风险承受能力范围的投资都是极其不理智的。

为了规范证券期货投资者适当性管理，维护投资者合法权益，中国证券监督管理委员会（以下简称"证监会"）于2017年发布了《证券期货投资者适当性管理办法》。第六条规定，经营机构向投资者销售产品或者提供服务时，应当了解投资者的下列信息：（一）自然人的姓名、住址、职业、年龄、联系方式、法人或者其他组织的名称、注册地址、办公地址、性质、资质及经营范围等基本信息；（二）收入来源和数额、资产、债务等财务状况；（三）投资相关的学习、工作经历及投资经验；（四）投资期限、品种、期望收益等投资目标；（五）风险偏好及可承受的损失。第十八条规定，经营机构应当根据产品或者服务的不同风险等级，对其适合销售产品或者提供服务的投资者类型作出判断，根据投资者的不同分类，对其适合购买的产品或者接受的服务作出判断。第二十二条规定，禁止经营机构进行下列销售产品或者提供服务的活动：（一）向不符合准入要求的投资者销售产品或者提供服务；（二）向投资者就不确定事项提供确定性的判断，或者告知投资者有可能使其误认为具有确定性的意见；（三）向普通投资者主动推介风险等级高于其风险能力的产品或者服务。

2017年，中国证券投资基金业协会同时发布了《基金募集机构投资者适当性管理实施指引（试行）》。其中明确基金募集机构要按照风险承受能力，将普通投资者由低到高至少分为C1（含风险承受能力最低类别）、C2、C3、C4、C5五种类型，对应的基金产品或者服务的风险等级也要划分为：R1、R2、R3、R4、R5五个等级。并且基金募集机构需向普通投资者以纸质或者电子文档形式提供风险测评问卷，投资者只能购买相应级别或以下风险等级的产品。我把该指引的附表基金投资者风险测评问卷参考模板（个人版）附在下面，大家可以自己测一测。

基金投资者风险测评问卷（个人版）

投资者姓名：＿＿＿＿＿证件类型：＿＿＿＿＿证件号码：＿＿＿＿＿＿＿＿

一、重要提示

1. 风险测评问卷中的问题可在您投资基金产品时协助您评估自身的风险承受能力。

2. 您所提供的信息应当真实、准确，否则可能会影响您的风险测评结果。

3. 风险测评结果有效期一年，请在结果失效前及时更新。

4. 当您的财务状况发生较大变化或发生可能影响您风险承受能力的其他情况时，请及时重新评估。

5. 当您重新进行了风险测评，请您关注您的最新风险承受能力等级与您持仓基金风险等级是否匹配。若出现不匹配的情况，您可以考虑将可赎回的持仓基金进行赎回。

6.《基金投资者风险测评问卷评分表》如下：

基金投资者风险测评问卷评分表

序号	1	2	3	4	5	6	7	8	9	10	11	12
A	10	2	0	8	2	1	0	1	1	1	2	1
B	8	4	3	6	4	3	2	2	3	3	4	3
C	4	6	6	4	6	6	4	4	6	5	6	6
D	4	8	8	2		8	6	8	8	8	8	8
E	0	10					10					

7.《基金投资者风险承受能力等级划分表》如下：

基金投资者风险承受能力等级划分表

类型	C1	C2	C3	C4	C5
得分	0~20	21~40	41~60	61~80	81~100

C1 保守型投资者

您希望在保证本金安全的基础上，以较低风险换取稳定的收益，本能地比较抗拒风险。

C2 谨慎型投资者

在风险较小的情况下获得一定收益是您主要的投资目的。希望在保证本金安全的基础上，投资能获得一定的收益。

C3 稳健型投资者

虽然渴望获得较高的投资收益，但通常只愿意承担一定的风险，在做投资决定时，会对将要面临的风险进行分析，选择收益与风险匹配偏向稳定的投资品种。

C4 进取型投资者

在任何投资中，您渴望有较高的投资收益，可以承受一定的市场波动，但是希望自己的投资风险小于市场的整体风险。您有较高的收益目标，专注于投资的长期增值，且对风险有清醒的认识。

C5 激进型投资者

在任何投资中，您通常专注于投资的长期增值，并愿意为此承受较大的风险。短期的投资波动并不会对您造成大的影响，追求超高的回报才是您关注的目标。

二、测评问卷（单选）

1. 您的主要收入来源是（　　　）。

　A. 工资、劳务报酬

　B. 生产经营所得

　C. 利息、股息、转让等金融性资产收入

　D. 出租、出售房地产等非金融性资产收入

　E. 无固定收入

2. 您的家庭可支配年收入为（折合成人民币）（　　　）。

　A. 50万元以下　　　　　　　　B. 50万~100万元

　C. 100万~500万元　　　　　　D. 500万~1 000万元

　E. 1 000万元以上

3. 在您每年的家庭可支配收入中，可用于金融投资（储蓄存款除外）的比例为（　　　）。

　A. 小于10%　　　　　　　　　B. 10%~25%

　C. 25%~50%　　　　　　　　　D. 大于50%

4. 您是否有尚未清偿的数额较大的债务，如有，其性质是（　　　）。

　A. 没有

　B. 有，住房抵押贷款等长期定额债务

　C. 有，信用卡欠款、消费信贷等短期信用债务

　D. 有，亲戚朋友借款

5. 您的投资知识可描述为（　　　）。

　A. 有限：基本没有金融产品方面的知识

　B. 一般：对金融产品及其相关风险具有基本的知识和理解

　C. 丰富：对金融产品及其相关风险具有丰富的知识和理解

6. 您的投资经验可描述为（　　）。

A. 除银行储蓄外，基本没有其他投资经验

B. 购买过债券、保险等理财产品

C. 参与过股票、基金等产品的交易

D. 参与过权证、期货、期权等产品的交易

7. 您有多少年投资基金、股票、信托、私募证券或金融衍生产品等风险投资品的经验（　　）？

A. 没有经验　　　　　　　　　B. 少于2年

C. 2~5年　　　　　　　　　　D. 5~10年

E. 10年以上

8. 您计划的投资期限是多久（　　）？

A. 1年以下　　　　　　　　　B. 1~3年

C. 3~5年　　　　　　　　　　D. 5年以上

9. 您打算重点投资于哪些种类的投资品种（　　）？

A. 债券、货币市场基金、债券基金等固定收益类投资品种

B. 股票、混合型基金、股票型基金等权益类投资品种

C. 期货、期权等金融衍生品

D. 其他产品或者服务

10. 以下哪项描述最符合您的投资态度（　　）？

A. 厌恶风险，不希望本金损失，希望获得稳定回报

B. 保守投资，不希望本金损失，愿意承担一定幅度的收益波动

C. 寻求资金的较高收益和成长性，愿为此承担有限本金损失

D. 希望赚取高回报，愿意为此承担较大本金损失

11. 假设有两种投资：投资A预期获得10%的收益，可能承担的损失非常小；投资B预期获得30%的收益，但可能承担较大亏损。您会怎么支配您的投资（　　）。

A. 全部投资于收益较小且风险较小的A

B. 同时投资于A和B,但大部分资金投资于收益较小且风险较小的A

C. 同时投资于A和B,但大部分资金投资于收益较大且风险较大的B

D. 全部投资于收益较大且风险较大的B

12. 您认为自己能承受的最大投资损失是多少(　　　　)?

A. 10%以内　　　　　　　　　　B. 10%~30%

C. 30%~50%　　　　　　　　　　D. 超过50%

本人承诺以上填写的内容真实、准确、完整,并愿意遵守相关法律、法规及业务规则。

投资者签字:　　　　　　　　　　　　　日期:

经办员签字:　　　　　　　　　　　　　日期:

经办机构(盖章):　　　　　　　　　　日期:

四、谨防投资中的行为学陷阱

你花5元钱买了一张彩票,用心选了一串数字,当你怀揣着中奖的梦想从彩票站出来时遇到了我,我想用6元钱买你手里这张彩票,你会愿意卖给我吗?

你在一个商店买杯子,杯子的价格是100元,但是有人告诉你离这里两公里外有家连锁店刚开业在打对折,这个杯子可以便宜50元,你会多走两公里去买打折的杯子吗?假如你不是买杯子,而是在买一台笔记本电脑,电脑的价格是6 000元,但是有人告诉你离这里两公里外有家连锁店,同样的电脑可以便宜50元,你会多走两公里吗?

人在做决策时是理性的吗?人能正确估计概率吗?人更关心绝对金额还是百分比?

以中国福利彩票双色球为例,中头奖的概率约是一千七百七十二万分之一,为什么这么多人在买彩票,每个人都认为自己手里的那张彩票更容易中奖,这种想法科学吗?人们一旦拥有了某样东西,对这样东西的评价会高于未拥有之前,也就是所谓的敝帚自珍。就像买房子一样，在买之前觉得这个房子太贵了，根本不值这个价钱，而一旦自己拥有这套房子以后，我们不自然地就会认为这套房子的价值远远高于这个价钱。

第二个例子里，很多人会为了买便宜50元的杯子而多走两公里，因为杯子便宜了50%。很少有人为了便宜50元的笔记本电脑选择多走两公里，因为50元在6 000元的电脑价格面前显得微不足道。其实多走两公里获取的收益是一样的，为什么我们会做出不同选择呢？在绝对金额和百分比面前，大部分人对于百分比更敏感，但实际上绝对金额对我们更有意义。我们可能对于3元钱并不在乎，但是我们可能无法忍受一瓶2元钱的矿泉水卖给我们5元钱。

人在做决策时并非理性，我们要谨防投资中的行为学陷阱，即使我们无法在心理上完全避免，但至少也要尽量减少自己的愚蠢行为。下面对一些投资中常见的行为学偏差进行讨论。

1. 代表性偏差

代表性偏差是指用过去的经验来直接推断未来。我为同事推荐过一只股票，同事持有了一段时间，闲聊之际我说，这只股票每次从18元涨到25元，总会再掉回18元左右，然后再涨、再掉，如此反复四五次。同事对我说，这次又到25元左右了，要不我卖了吧，等跌到18元时，我再买回来。我笑着说，你忘了我推荐你这只股票时讲的投资逻辑了吗？要谨记自己为什么投资这只股票，不属于我们投资逻辑的钱，就不要想着去赚。

没过多久这只股票涨到70多元，同事说幸亏我劝住了他，如果当时他卖了，他就再也没有机会18元买回来了。人们往往喜欢拿过去的经验推断未来，过去涨得好的股票，认为接下来还会继续涨；过去在某个范围震荡的股票，认为接下来还会震荡；过去在跌的股票，认为接下来还会跌。但这些经验可能没有任何逻辑，它只是一种现象，通过观察现象去推断未来，很多时候并不可靠。

美国篮球职业联赛有位球星叫斯蒂芬·库里，他是勇士队的当家球星，三分球非常准，在联盟中独当一面。有天晚上，他连续投丢了5个三分球，比赛来到最后一刻，勇士队落后2分，如果你是主教练，你会安排库里执行最后一投吗？你可能会认为他已经连续投丢5个三分球了，第6个三分球大概率还是不进，这样的推断就属于代表性偏差。这时我告诉你，库里从来没有在同一场比赛中连续投丢过6个三分球，在他十几年的职业生涯中从来没有，这时你会怎么想？你会不会又开始认为库里接下来的这个三分球大概率能进，因为连续投丢6个三分球对于库里来说简直太不可思议了，这几乎不可能发生。这又是一种行为偏差，这种偏差在于过快估计了均值回归的到来。真实的世界是什么样的？库里接下来投中最后一球的概率应该是40%，和他平时的命中率相当。所以，预测他继续投丢，延续糟糕的手感，和接下来投进，进行均值复归，都是非理智的行为。

2. 过度自信

人们往往会过度相信自己的判断能力，高估自己成功的概率。据调研，约80%的人认为自己的驾驶水平高于平均水平，但事实上50%才是合理的比例，当发生交通事故时，大部分司机都会认为是对方的错，而自己是无辜的。在投资中也是一样，很多人都认为自己的投资可以跑赢大盘，Brad Barber（布拉德·巴伯）和Terrance Odean（特伦斯·奥迪恩）在这个领域进行了大量的调查研究，认为过度自信的投资者在市场中的典型行为是频繁交易，而大量的数据证明，频繁交易并不会增加投资者的收益，反而会导致收益的下降，他们还写了一篇论文叫《交易有损你的财富》，从此"交易有损你的财富"也成为股市圈的一句名言。在他们的调查中，男性在投资中的换手率会明显高于女性，这也从侧面印证了心理学的结论，男性比女性更容易过度自信。

过度自信一方面来自心理层面；另一方面来自投资者对概率的错误估计，人们往往高估小概率事件发生的可能性，而低估中等偏高概率事件发生的可能性，这也是彩票得以盛行的原因。个人和散户喜欢小概率赚大钱，而庄家和机构喜欢大概率赚小钱，毫无疑问受伤的都是个人和散户，而股市中的做市商从来都是赚得盆满钵满，这得益于庄家和机构对概率的深刻理解和精确计算，他们善于在每笔小单上都创造一点点微弱的优势，但成千上万小单的微弱优势就足以成就近乎百分之百的巨大优势，正如抛一次硬币的结果是随机的，但抛一万次硬币的结果几乎是确定的。

3. 锚定效应

人们在做出判断时，非常容易受到第一次信息的支配，把第一次信息作为一种参照点，当被第一信息锚定后，接下来的分析只是在这个参照点上做一些加加减减。当然锚也是可以改变的，但这需要复杂的心路历程。

朋友给你推荐一只股票，当时的价格是10元，你没买，过了几天股票涨到15元，这时很大可能你已经不敢买了，你会认为价格太高了，其实你是被10元这个数字给锚住了，这是第一个锚，第一次信息的锚。后来股价涨到20元，你想到15元时应该买入的，太遗憾了，一次发财的机会只能错过了。后来股价涨到30元，此刻你的内心只剩悔恨，你发誓假如再给你一次机会，哪怕是25元你也会买入。后来股价最高涨到32元，然后一路回调到25元，你兴致勃勃地冲了进去，因为经过几个月的痛苦挣扎你已经把锚换成了32元，这是第二个锚，历史最高价的锚。后来价格掉到20元，你被套了，你认为早晚还会突破最高价32元的，你需要的只是耐心。再后来价格跌到15元，你甚至都不想打开炒股软件了，你发誓等股价反弹到25元时，你会毫不犹豫地解套，这个25元是第三个锚，成本价的锚。

寻找参照物是人长期进化来的简单有效的处理事情的方式，我们不善于在没有任何概念时确定一个东西的价值，所以，一旦一个数字进入脑海，我们就会迅速地把它当作接下来决策的依据，无论这个数字是多么离谱。这种思考方式在普通生活中给我们带来了很多方便，但在投资中却是一种心理学上的陷阱，它很容易让我们陷入追涨杀跌中。

4. 处置效应

处置效应是指投资者倾向于过早地卖出赚钱的股票，而过长时间地持有亏钱的股票。在盈利和亏损面前，人对风险的态度是不同的。在盈利面前，表现为风险厌恶，倾向于落袋为安，在亏损面前，表现为风险追求和损失厌恶，总想着搏一把。在赌场中出来的人，如果是赢钱的，往往赢得并不多，如果是输钱的，往往都是输了很多，甚至输光了借高利贷也想赢回来。在投资中也是一样，亏损带来的痛苦远大于盈利带来的幸福。所以，股民们把止损形象地表达为割肉。割肉太痛苦了，这也是很多人宁愿被套牢多年，也不愿意割肉离场的原因。

其实是否交易不应以盈亏为依据，应该依据的是它是否还具有投资价值，投资看的是现在和未来，而不是过去。

行为金融学中还有很多种行为偏差，比如易得性偏差、证实性偏差、框架依赖、心理账户、羊群效应、固执己见、控制幻觉、事后诸葛亮等，这里就不一一讲解了。

行为偏差分为两大类：一类是情感偏差，人生而为人就离不开情感的影响，这是人性的弱点，我们无法消灭，只能用投资策略和投资纪律去尽力规避；另一类是认知偏差，是因为大脑在信息处理时倾向于经验化、直觉化和简单化，人在靠直觉估计概率时很容易犯错误，尤其是对条件概率不敏感，另外，人倾向于对小概率事件反应过度，对中等概率和大概率事件重视不足。

如何规避这些行为学陷阱呢？

一方面是认识它们，当认识它们后，再遇到类似情景，你会意识到自己的想法可能是错误的；

另一方面是学习投资知识，用理论武装我们的头脑，靠大量信息的研究来帮助我们决策，尽量避免靠直觉和想当然。

最后，我认为比较有效的一种方式是，投资尽量要买得便宜。都说会买的是徒弟，会卖的是师父。但是我却喜欢讲会买的才是师父，如果你买的足够便宜，在股市的波动下你的心态会占据巨大的优势，让你不容易犯错误。如果一只股票现在的价格是50元，你的成本价是30元，另外一个人的成本价是70元，当股市下跌时，你可能还敢加仓，而另一个人可能就只能"装死"了；当股市上涨时，对于你来讲只是利润的扩大，你更容易坚定地持有，而对于另外一个人来说，只是亏损减少，其坚定持有的信心不强，很容易在股价恢复到它的成本价时解套离场。

第三章

带你熟悉金融市场

什么是经济？什么是金融？

很多人对这两个概念分不清楚。

经济的英文是Economy，来源于古希腊语Οικονομα。Οικο的意思是家庭，Vομο的意思是方法，整体的意思就是管理家庭的方法。管理家庭会面临很多决策，需要决定各个家庭成员分别做什么，以及获得什么样的回报。比如男人可能主要负责赚钱养家和重体力劳动，女人一方面要工作，另一方面要操持家务。老人负责接送孩子上学，孩子的主要任务是好好学习。一个家庭的收入是有限的，还面临着如何分配的问题，是否给妻子买条项链，是否带老人去旅行，是否满足孩子去游乐场的愿望，或者奖励自己一个新的座驾。总之，家庭要考虑到每个成员的能力、努力、需求和愿望，一方面尽量多地创造财富；另一方面尽量多地满足每个成员的需求。后来Economy这个词从家庭的微观层面扩展到国家的宏观层面。

在汉语中，经济是"经世济民"的简化，意思是使社会繁荣，百姓安居。社会要繁荣就离不开生产劳动，百姓要安居就需要合理分配。无论是生产还是分配都面临着资源的问题，资源是有限的，要考虑效率，还要考虑公平，资源的配置就成为一门学问。

金融的意思是资金的融通，它是经济的一个分支。要开展生产劳动首先要解决的问题就是钱，建工厂买设备需要钱，采购原材料需要钱，雇用员工需要钱，打广告需要钱，交税也需要钱。所以，在配置资源方面钱扮演着重要角色。想做点事的人可能存在钱的缺口，不想做事的人可能存在钱的盈余，所以，钱就有了需求方和供给方，金融市场就是钱钱交换的市场，钱钱交换本质上是两种现金流的交换，供给方牺牲现在的现金流以期望获取未来更多的现金流，而需求方解决现在的资金困难并向供给方做出美好的承诺。

那么，什么是经济学？什么是金融学？

经济学研究的是资源配置。金融学研究的是货币配置。

资源有很多种类，如人力资源、自然资源、生产资料、商品服务、房产财富等。经济学研究的是如何分配它们的问题，研究的是社会如何管理自己的稀缺资源的问题。

生产什么？谁来生产？生产多少？谁来消费？这四个问题是经济的核心问题。

货币是很重要的一种资源，它是交易的媒介。而金融学研究的是货币的配置问题。我们经常把钱比作水，万物都离不开水，经济活动也离不开钱。如果水的分配有问题，则旱的旱死，涝的涝死；如果钱的分配有问题，则缺钱的主体融不到资，而有盈余资金的主体没有投资渠道，有想法的人由于缺钱而无法施展抱负，而资金却在不需要钱的地方闲置。

谁有钱？谁需要钱？钱的成本是多少？如何撮合约定？这四个问题是金融学的核心问题。

金融有没有创造价值？

很多人对金融存在很大的偏见，认为金融不创造价值，却抢占了实体企业创造的价值，搞金融的人不从事生产劳动，却赚得盆满钵满，金融还为这个世界带来了很多灾难，如经济危机和金融危机，造成了国家动荡和社会失业。在不少人眼中，金融代表不劳而获，只有劳动才是推动社会进步的驱动力，而金融只是依附在劳动人民身上的"吸血鬼"。

我们做投资理财，就是金融市场的参与者，在获取收益的同时，我们需要思考：我们的参与究竟有没有为这个社会带来价值。我们是通过金融赌技掠夺了张三李四的财富，还是真的为社会贡献了价值从而获得了我们应有的回报。

我认为这样的思考是有意义的，它可以帮助我们端正投资的态度，只有我们发自内心地认为一件事是有价值的，才更容易把它作为一个长期的事情坚持下去。

一、二蛋的金融之旅

金融既不是天使，也不是魔鬼。金融业就是一种服务业，解决实实在在的需求。下面让我们来走一趟"二蛋"的金融之旅，感受一下金融是如何服务实业的。

二蛋是村里走出来的优秀大学生，他对农业有着特殊的感情，立志成为一个农业企业家。随着中国经济的高速发展，人们生活水平逐渐提高，二蛋毕业后就认识到，市场对于优质猪肉的需求会越来越大，于是他想建一个养猪场，向市场供应优质猪肉。二蛋有想法，有技术，但是却没有钱，如果靠打工攒钱建养猪场，可能五年、十年都建不起来，怎么办呢？

二蛋找到了钱大爷，钱大爷是闻名十里八乡的有钱人。二蛋把怎样建养猪场，买什么样的猪仔，怎样运营，产品怎样定位，怎样找销路，一五一十地给钱大爷分析了一遍。钱大爷听得津津有味，于是出资100万元，占股20%，让二蛋放开手脚大干一场。这里的钱大爷就是天使投资人。

二蛋养猪场搞得风风火火，需要扩大经营，上先进的养猪设备，于是二蛋做了一份雄心勃勃的商业计划书，然后找到一家投资机构，名叫金灿灿基金，金灿灿基金做了充分的投资可行性分析，并派人对二蛋的养猪场进行了详细的尽职调查，最后决定投资二蛋的养猪场，出资1 000万元，占股20%。金灿灿基金就是传说中的风险投资。

二蛋的养猪场越搞越大，又需要钱了，但是二蛋觉得自己的股权越来越值钱，不想找人入股，于是二蛋找到银行，希望银行能借点儿钱给他，并愿意把他的养猪场作为抵押物，银行评估二蛋养猪场的抵押资产，评估价值1 000万元，于是打6折，借给二蛋养猪场600万元，每年利息5%。这就是银行借贷。

二蛋参加工博会，发现了一台好机器——智能化配料机，价格500万元，二蛋想买却买不起，这时候设备商说认识租赁公司，可以搞个融资租赁。最后三方一拍即合，租赁公司出500万元把设备商的智能化配料机买下来，然后租给二蛋养猪场使用，二蛋需要每年支付给租赁公司80万元，一共支付10年，10年到期后，这台配料机就属于二蛋养猪场。这就是融资租赁。

有一天，钱大爷急匆匆地找到了二蛋，说自己的儿子要去城里买房、娶媳妇儿，另外，钱大爷年纪大了，想从二蛋的养猪场撤资，享清福。二蛋说，"钱大爷，第一，我也没钱给你；第二，我也不知道这个养猪场值多少钱。要么你去股权交易市场委托找找下家？" 于是钱大爷就去试了试，经过与下家讨价还价，最终以2 000万元的价格把股权转让了。这就是场外市场，也就是常说的OTC市场。

经过轰轰烈烈的发展，金灿灿基金后续为二蛋的养猪场又进行了一轮注资，二蛋是董事长，每天前呼后拥，金灿灿基金坐不住了，出来鼓动二蛋，要求二蛋积极运作上市计划。二蛋说："这不挺好吗？我们养猪场利润也不错。"金灿灿基金说："你是过得挺好，但我们的钱只往里扔，拿不回一个子来，我们基金的金主们还等着基金到期提款呢。再说了，二蛋你辛辛苦苦这么多年，身价上亿，但是却只领着每年20万元的工资，住着老破小的房子，难道不想早点改善生活条件吗？" 二蛋一想有道理，于是准备上市事宜。经过公司改制，二蛋养猪场改名为二蛋养猪股份有限公司，两年后还真上市了。首次上市募资为IPO，即首次公开募股。

上市后，虽然二蛋的股票还在限售期，但还是忍不住隔三岔五地打开证券软件，看看股价是上涨了还是下跌了。前段时间股价比较高，二蛋养猪股份有限公司需要钱，就去公开发行股票募资。最近股价很低，二蛋养猪股份有限公司又需要钱了，却极不情愿去增发股票，这时财务总监出主意说，我们要不发点公司债吧，二蛋一听，这是个好主意，于是向市场发行了债券。

有一段时间，二蛋养猪股份有限公司的资金链出现了问题，整个融资环境也不太理想，二蛋找不到好的融资途径，然后就找到财务总监。财务总监说："最近资产证券化挺火，我们可以通过资产证券化融点儿钱。"二蛋说："资产证券化是什么，我们的资产不都抵押给银行了吗？"财务总监说："我们公司还有不少应收账款，每个月都有可观的现金流入，我们可以把这些现金流打包卖了。"二蛋说："现金流还能卖啊,长见识了。"于是二蛋养猪股份有限公司就把应收款的现金流充入了SPV的资产池,2 000万元的应收账款卖了1 700万元,而SPV把资产池里的现金流做了分层,包装成不同信用级别的证券卖给投资者。于是,二蛋养猪股份有限公司又一次渡过难关。这就是资产证券化。

二蛋养猪股份有限公司最近开发了个大客户,一家非常有名的食品公司,二蛋把这一栏猪都发运给这家食品公司,可是却没收到现金,而是收到一纸商票,商票上约定半年以后可以去银行提现。这可急坏了二蛋,二蛋还等着两个月后用这笔钱去买小猪仔呢,于是他找到了财务总监。财务总监说:"不用着急,到快用钱的时候,我们可以拿这个商票去银行贴现,大不了银行收点未到期的利息。"两个月后,二蛋把商票给了银行,果然从银行拿到了一笔钱。这就是商票的贴现。

二蛋养猪股份有限公司和食品公司签订协议,供给食品公司的猪价要保持稳定。二蛋发愁,担心如果玉米明年的价格上涨,养猪的成本就高了,很可能忙活一年根本赚不到钱,二蛋不想承担这样的风险,于是找来财务总监商量对策。财务总监说:"要不我们参与玉米期货市场,把玉米价格做一下对冲,如果玉米价格上涨,我们就能从期货市场获利,从而弥补玉米采购成本的上升,如果玉米价格下跌,我们采购玉米就省钱了,省下的钱正好弥补在期货市场上的亏损,这样相当于把玉米价格锁定住,无论玉米是涨是跌,都不会影响我们明年的利润。"二蛋一想,这个办法不错,这样就不用担心玉米价格波动,可以把心思都用在养猪上。

二蛋的故事就先讲到这里。其实金融市场和金融工具就是为实体经济服务的,就是为了帮助有想法、有能力的人去施展抱负。但市场上存在李逵和李鬼,需要我们练就火眼金睛,既要帮助李逵施展抱负,又要辨别李鬼防范风险。这也就是为什么说金融是靠信息差和认知变现的,这种变现方式虽然没有直接参与到生产劳动,但是在间接上影响资源在不同行业与不同公司之间的配置,资本的逐利性,把资源导向它能发挥最大价值的地方。

张三擅长放羊，李四擅长种地，张三就可以把精力放在放羊上，李四就可以把精力放在种地上，这样张三和李四就能创造出更多的总价值。如果张三想吃粮食，李四想吃羊，他们就可以通过交换实现，双方只要存在相对优势，分工就存在价值，而交易是分工的必然产物。经济学原理中有这样的结论：交易使生活更美好。这个结论不仅适用于商品经济，也同样适用于金融市场，二蛋更擅长养猪创业，钱在二蛋的手里比在钱大爷手里能发挥更大的价值，这种现金流的交换，也可以增加创造出来的总价值。只不过商品交易的背后是劳动力分配，而金融交易的背后是资本分配，劳动力分配依据的是劳动力的相对优势，资本分配依据的是资本的相对优势。

交易使生活更美好，金融也是同样的道理。

二、金融体系

金融就是资金的融通，是以钱换钱的交易，是两种不同现金流的交换，交易双方为融资方和投资方。但是现实的世界存在信息不对称和资金错配的问题，如融资方和投资方往往互相不认识，也互相并不知晓对方的需求，这是信息的不对称。例如，张大妈有5万元闲散资金，但二蛋养猪场却有100万元的资金缺口，张大妈这5万元只能投资一年，二蛋养猪场这100万元需要使用三年，这就是资金的错配，它既包括金额的不匹配，也包括期限的不匹配。金融体系要解决的首要问题就是解决信息不对称和资金错配的问题，使资金进行高效的融通。

在以钱换钱的交易中，还有一个参与者，它既不是投资方，也不是融资方，它既不缺钱，也不需要投资赚钱，它就是央行。央行参与交易的目的是什么呢？答案就是发行或收紧货币，央行通过把钱借给商业银行和向市场购买国债，就可以把货币注入经济体中，反向操作就可以把货币从经济体中收回来。货币就如同水，水能载舟，亦能覆舟，没有水不行，水太多也不行，央行需要根据经济和市场的情况实时地调控水量。

钱是怎样从投资方的手中到达融资人手中的呢？

一种渠道是间接融资，最典型的就是商业银行，张大妈把5万元存到银行，当然存钱的还有李大妈、赵二婶、王三姨等，银行从储户那里获得了大量存款，二蛋养猪场和二奇炼油厂为了扩大经营需要用钱，就找到银行，银行经过评估，把钱贷给了二蛋养猪场和二奇炼油厂。钱就这样从资金的供给方手里到了资金的需求方手里，由于张大妈和二蛋养猪场并不认识，也不存在直接交易，二蛋养猪场即使无法还贷也不影响张大妈取回那5万元，在这里银行作为中间方承担了贷款的风险，这种融资方式被称为间接融资。

另一种渠道是直接融资，最典型的就是股市，张大妈5万元买了二蛋养猪股份有限公司发行的股票，就成了二蛋养猪股份有限公司的股东，虽然张大妈持有的份额比较小，无法参与公司的经营决策，但是这不妨碍张大妈仍旧是一名股东的事实。从投融资的角度看，钱是从资金的供给方手里直接到了资金的需求方手里，二蛋养猪股份有限公司经营得好，股价就可能上涨，经营得不好，股价就可能跌，张大妈和二蛋养猪股份有限公司产生了直接的关联，张大妈在享受投资收益的同时也要承担投资的损失（下图为直接融资和间接融资的示意）。

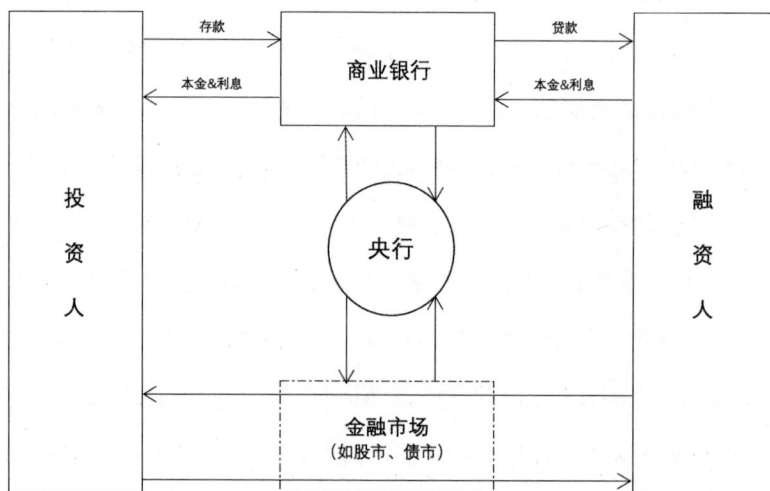

目前，国内以间接融资为主，主要依赖商业银行进行资金的融通，直接融资

在国内的发展不尽如人意，在融资结构中占比过低，这是融资中的一个结构性问题。还需要大力推动直接融资的发展，提高直接融资的比重。

为什么要提高直接融资的比重呢？间接融资面临哪些问题呢？

间接融资面临的第一个问题是社会融资成本过高，企业和居民的杠杆率过高。高额的利息和过高的杠杆一方面增加了企业和居民的负担；另一方面增加了整个金融体系的系统性风险。另外，间接融资不适应科技创新的发展环境，银行很难把钱借给无抵押且风险过高的创新企业。

如何提高直接融资比重？证监会在《提高直接融资比重》一文中提出了六大举措。

（1）全面实行股票发行注册制，拓宽直接融资入口；

（2）健全中国特色多层次资本市场体系，增强直接融资包容性；

（3）推动上市公司提高质量，夯实直接融资发展基石；

（4）深入推进债券市场创新发展，丰富直接融资工具；

（5）加快发展私募股权基金，突出创新资本战略作用；

（6）大力推动长期资金入市，充沛直接融资源头活水。

在这里为什么要花很多篇幅来谈论金融体系及经济金融政策呢？因为在投资理财中，政策和趋势是很重要的，能够洞悉这个市场将来要发生什么，对于投资决策具有重要的指导意义，顺势而为才能收获时代给予我们的馈赠。

可以得出结论，中国股市将会越来越开放，越来越健康，中国股市的高速发展，将是时代赋予我们的一个机遇。

三、央行和商业银行

央行是指中国人民银行，是国务院的组成部门，负责制定和执行货币政策，防范和化解金融风险，维护金融稳定，央行主要有以下三大职能。

央行是发行的银行，这一职能是指发行货币。

央行是银行的银行，央行不接受公众的存贷款业务，只接受商业银行的存贷款业务,商业银行由于体量巨大,如果倒闭会对整个金融体系造成毁灭性打击,这就是大而不能倒。当商业银行遭遇危机时,就可以向央行求助,央行扮演着"最后贷款人"的角色。

央行是国家的银行,央行负责经理国库,管理外汇管理局,制定和执行货币政策,统筹国家支付体系建设等。

我们经常在财经新闻中看到的"一行两会",它是指央行、中国银行保险监督管理委员会(以下简称"银保监会")和证监会。央行和银保监会虽然都是管商业银行的,但是管的角度区别很大,央行主要管的是钱,而银保监会主要管的是银行,钱和银行又是密不可分的,所以,很多工作需要央行和银保监会配合,所以,我们会经常看到央行和银保监会一起对外发声。

大家经常混为一谈的还有财政部,财政部的主要职责是管理政府的"钱袋子"。政府的收入主要来自税收,而政府支出包括雇用公职人员、建立公共设施、提供安防、转移支付等。如果政府的钱不够花怎么办,中央政府可以发国债,地方政府可以发地方债,通过承诺按时还本付息来向广大公众筹集资金。很多人认为国家没钱了主要靠印,这是不对的。能够印钱的只有央行,而央行本身具有独立性,央行印的钱只能借给商业银行等金融机构,或者在金融市场上购买债券,通过借和买把钱注入经济体中。央行并不能把印的钱直接送给财政部,即使购买债券也不能直接向政府认购,必须通过金融市场进行购买。

商业银行才是经常与我们打交道的银行,中国工商银行、中国农业银行、中国银行、中国建设银行、交通银行都是商业银行。商业银行与央行有着本质的区别,央行是国务院的组成部门,是非营利性组织,是不直接面向公众的,而商业银行在经营性质上是以盈利为目的的,是开门迎客,微笑服务的,这也是为什么我们会经常接到银行的电话,向我们推销它们的贷款或信用卡。

商业银行都有哪些业务,靠什么赚钱呢?

商业银行的核心业务是存贷款业务。左手吸纳公众存款,右手对外放贷。商业银行从业务模式上讲是永赚不赔的买卖,息差是商业银行的主要利润来源,息差来源于两个方面：一个是存贷息差，存款利率较低，而贷款利率较高；另一个是期限息差，存款很多都是活期，平均期限较短，贷款一般都是长期，平均期限较长，短期利率一般较低，而长期利率一般较高。息差是一定存在且相对稳定的，所以，这种业务模式理论上是稳赚不赔的，商业银行想多赚钱，主要方式就是扩大规模，规模越大，利润就越丰厚。银行无疑是个好生意，但赚钱容易也要承担风险，这个风险就是坏账率，银行需要在扩大规模和控制坏账上做出平衡。

商业银行除了存贷款业务之外，还有信用卡业务、转账结算业务、基金托管业务、证券投资业务、个人理财业务等。

下面简单介绍银行的个人理财业务，曾几何时，银行几乎一度是中国唯一的理财途径。一是银行有广大的群众基础，银行掌握了大量的客户群体，谁没有几张银行卡。二是由于股市风险比较大，保守的投资者往往对股市敬而远之。三是银行给老百姓的感觉就是保本、保收益，想获取高于存款利息的收益非银行莫属。简言之，银行的获客渠道好，而且看起来可靠。

近年来，首先向银行理财发起挑战的是余额宝，余额宝的总规模曾一度达到近2万亿元，到2022年6月，余额宝的规模有所下降，在7 800亿元左右。

银行理财的市场总规模是多少呢？银行业理财登记托管中心发布的《中国银行业理财市场年度报告（2020年）》显示，银行理财市场规模达到25.86万亿元。

银行理财真的是保本、保收益吗？

非也！从银行理财的历史来看，银行理财即使有所亏损，银行也会拿自有资金为客户补足，长期以来，投资者普遍对银行理财产品有着"刚兑、保本"的印象。2018年以来，以资管新规为核心的一系列重要监管文件落地实施，央行也多次提到，要稳步打破刚性兑付，该谁承担的风险就由谁承担。银行理财产品保本、保收益已成为历史，这是广大投资者需要认真面对的现实。

银行理财产品分为五个风险等级，包括谨慎型产品（R1）、稳健型产品

（R2）、平衡型产品（R3）、进取型产品（R4）、激进型产品（R5）。大家购买时一定要认真阅读产品介绍，某些高风险的银行理财产品不仅无法保本，还可能异常凶险，如2020年中国银行发生的原油宝事件。

四、股票市场

要想进入股市，第一步就是选择一个券商开户，我们经常看到某某证券的招牌，如中信证券、华泰证券、海通证券、广发证券等。证券是什么意思呢？证是凭证，券就是纸，证券就是证明某种经济权益的一张纸，它是各类财产所有权或债权凭证的通称，我们常说的股票和债券都属于证券。最早的证券就是一张写了很多字的纸，第一股是1984年上海飞乐音响公司发行的，当时这种权益的承载就是一张纸，买卖的交收也是实物券交收，由于交收麻烦、效率低下，后来推行无纸化股票交易，采用登记结算的方式。

股票是股份公司所有权的凭证，每股股票都代表股东对企业拥有一个基本单位的所有权。企业和人一样，也是具有生命周期的，人从嗷嗷待哺，到读书成才都需要消耗大量的资源，而在这段时间他是不产出任何价值的，企业在成长发展期也一样，需要不断往企业里投入资金，钱不够就需要融资，开始靠亲朋好友，后来靠风险投资，这个阶段叫作私募。而公司发行股票上市就进入公募阶段，可以公开向不特定公众融资，怎么融？就是把企业切成好多份，然后拿到市场上去卖，一股股票就是其中的一份。

股票一方面解决了企业融资的问题；另一方面给了广大群众可以拥有一部分优秀企业的机会。如果没有股票，我们永远都不可能成为中国工商银行的股东，我们也很难从资本的角度分享到中国经济发展的红利。

市场就是买卖东西的场所，股票市场就是买卖股票的场所，也就是证券交易所，但这是狭义的市场概念。我们可以进一步把市场概念抽象化，市场可以是一个场所，可以是一个平台，也可以是一条路径，它是什么不重要，重要的是它需要具备几个要素。

　　一是市场里必须有买方和卖方；二是必须有一套匹配供需的报价机制；三是必须能完成结算和所有权变更。具备这三条，无论它是什么，我们都可以说它是市场。

　　一级市场，也称为发行市场，二蛋养猪股份有限公司发行股票，张三作为投资者购买股票，二蛋养猪股份有限公司得到钱，张三得到股票（见下图）。在这个过程中，上市公司是卖方，投资者是买方，交易完成后市场上流通的股票变多了，股份被稀释了。所谓发行包括初次发行和再发行，初次发行即首次公开募股，也是IPO。

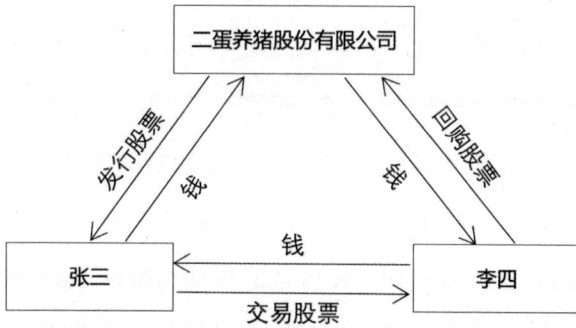

　　二级市场，也称为流动性市场，张三把股票卖给李四，李四获得股票，而张三得到钱。流动性市场的卖方是投资者A，买方是投资者B，这场交易上市公司并没有参与，也未从交易中拿到钱，股票仅仅是从张三手里流到了李四手里，市场上流通的股票数并没有变化，只是股票易主。

　　股票回购，二蛋养猪股份有限公司自掏腰包从股市回购股票，钱到了李四手里，股票到了上市公司手里，市场上流通的股票数少了。在这个过程中股份实现了反稀释，每股占公司的股比变多了。

　　打新股，是指一级市场交易，新股之所以为新就是因为它是新发行的。炒股是指二级市场交易，买卖的都是二手货，股票只是在张三、李四、王五、赵六之间卖来卖去，钱并没有进入上市公司的账户。

一级市场的意义是公司获得融资,二级市场的意义是什么?

张三购买二蛋养猪股份有限公司发行的新股,钱进了公司的口袋,公司可以扩大再生产,这无疑是对整个经济有意义的。可是张三和李四之间买卖的意义是什么呢?股市中的张三毕竟是少数,大部分都是李四,如果我们是李四,我们对企业融资的贡献是什么?

股权投资本质上是资本接力,每一棒都有其意义,没有一个投资者打算接棒后一直跑到生命终点,我们提倡长期投资,但长期不是越长越好,就如凯恩斯所说:"长期我们都死了"。私募股权基金的投资期限已经比较长了,一般为5~8年。如果没有IPO通道,金灿灿基金将不会投资二蛋养猪场,因为无法退出;如果没有李四,张三将不会购买二蛋养猪股份有限公司发行的新股,因为无法退出;如果没有王五和赵六,李四也不会购买张三的股票,因为无法退出。我们接棒是为了实现这段路程的价值后把它传递下去,如果没有下一个接棒者,前面所有的接力将会停滞。二级市场流通为投资者提供了一个便捷的投资退出渠道和一个重新选择其他投资标的的机会,股票的流动性越好,越容易用一个合理价格把股票卖出去,我们越愿意去参与投资。这是我们作为李四,为企业融资做出的第一个贡献。

二级市场的第二个意义是价值发现,企业经营得好坏,会表现在股价上,股价的涨跌也会反过来激励和惩罚企业,如股价上涨可以提升企业的融资能力,股价下跌会降低企业的融资能力,甚至引发股权质押的平仓。这种企业价值和股价的联动一方面对企业起到监督作用;另一方面可以让企业以合理的价格拿到融资。

二级市场还有很多其他的积极意义,在此不做深入讨论。总之,即使我们是李四,我们仍然为企业融资和经济发展做出了非常大的贡献,我们真实地在帮企业创造价值,所获收益也是我们理应得到的回报。

下面对证券交易所做个简单介绍。

我国有三家证券交易所,分别是上海证券交易所(简称"上交所")、深圳证券交易所（简称"深交所"），以及刚成立的北京证券交易所。中国的股票市场还分为主板、中小板、创业板、科创板等，开设这些板块是为了满足不同层次的融资需求和不同层次的投资需求，首先它们的上市门槛不同，上市难度：主板>中小板>创业板>科创板；它们的风险波动也不同，风险大小：科创板>创业板>中小板>主板。

主板市场有两个，上交所主板股票代码以60开头，深交所主板股票代码以000开头。主板市场上市门槛较高，在主板上市的公司多为成熟企业和各行业的龙头公司。

中小板是深交所为了鼓励自主创新而专门设置的中小型公司板块，股票代码以002开头，2021年4月经中国证监会批准，深交所主板和中小板合并。

创业板由深交所设立，与主板市场相比上市要求比较宽松，创业板上市公司股票代码以300开头。由于创业板波动比较大，创业板的开户需要具备两个条件：一是要求个人投资者拥有2年以上的股票投资经验；二是要求个人投资者证券账户前20个交易日的日均资产不少于10万元。

科创板由上交所设立，服务于符合国家战略、突破关键核心技术、市场认可度高的科技创新企业。科创板实行注册制，上市前5个交易日不设涨跌幅，后续股票涨跌幅限制为20%。由于科创板风险波动更大，科创板的开户门槛也更高：一是要求投资者证券账户中过去20个交易日日均资产不低于50万元；二是要求证券投资者从事证券投资需要满2年以上；三是证券投资者要通过科创板的风险测评。

五、债券市场

对于债券市场，大多数人都比较陌生，这是因为参与债券市场投资的都是机构投资者。债券市场并不是一个小众市场，债券市场的体量远超股票市场，至少债券在金融市场中的地位绝不亚于股票。近年来，债券市场发展速度很快，债券余额超过100万亿元，市场规模居世界第二位，但是在市场化机制和国际化上仍有很长的路要走。

什么是债券?

债券是证券的一种,简单来说,债券就是一张约定了现金流的纸。以1957年国家经济建设公债为例,面值是1元,息票每张4分,每年付息一次,一共付10年,现金流见下图。

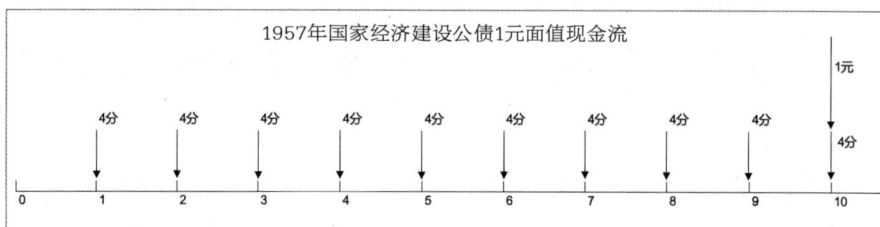

债券的价格就是大家愿意付多少钱去买这样一张纸,如果买的人多,卖的人少,价格就上涨:如果买的人少,卖的人多,价格就下跌。面值和息票是约定好的,印在债券上的,而价格是在市场上依靠供求关系博弈出来的。前面介绍过钱的时间价值,把未来的现金流按折现率R都折到0时刻,就是这些现金流的现值,现在这个现值就是市场上博弈出来的债券价格,这个折现率R就是这张债券的收益率。由于面值和息票都是约定好的,这样一个价格就对应一个收益率,价格和收益率就如同一个硬币的两面,价格上升收益率就下降,价格下降收益率就上升,见下图。

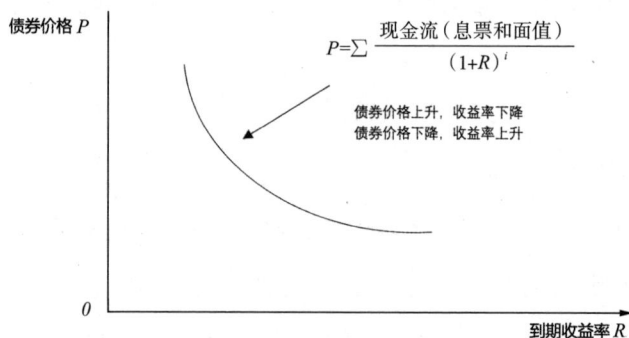

$$P=\sum \frac{现金流(息票和面值)}{(1+R)^i}$$

债券价格上升,收益率下降
债券价格下降,收益率上升

这可能和很多人的直觉不一样,国债收益率走高,听起来是好事,但是债券价格却是下跌的,债券持有者反而亏了。其实应该这样思考,由于债券未来给到我们的现金流已经是约定好的,我们买这种债券买得便宜,就意味着我们能获得较高的到期收益率,如果我们买得贵,就意味着我们只能获得较低的收益率。国债收益率走高,对于债券持有者来说是坏事,因为这意味着债券价格跌了,但是对于打算买债券的人来说就是好事,因为可以用更便宜的价格买到债券,对应的到期收益率更高了。

根据债券发行者的不同,债券可分为国债、地方债、金融债、企业债(见下图)。国债是国家财政部发行的,地方债是地方政府发行的,金融债是金融机构发行的,企业债是企业发行的。国债有国家做担保,不存在信用风险,所以,国债收益率又称为无风险收益率,简单来说就是获取这个收益率不需要承担风险。金融机构往往体量巨大,牵扯甚多,属于"大而不能倒",所以,金融债的风险也不大。企业债属于信用债,如果企业经营不善,有可能会无法按时足额还本付息,风险相对较大。

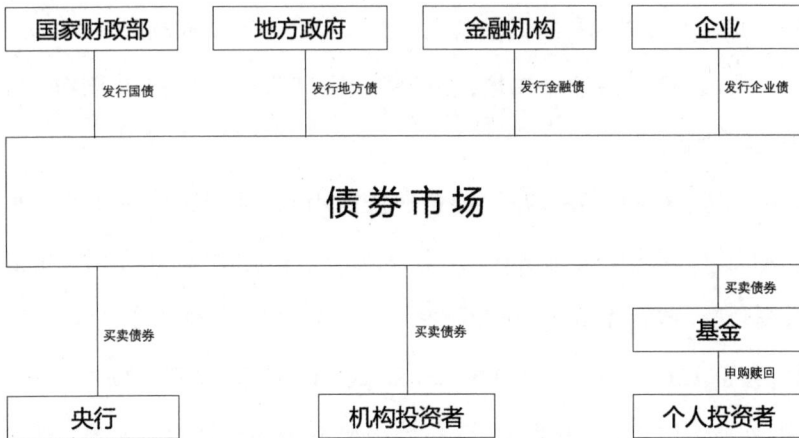

债券和股票一样,也分为发行市场和流动性市场,发行者在发行市场中获得融资,然后债券进入流动性市场开始流通。参与债券市场投资的有央行、机构投资者和个人投资者,个人投资者一般通过基金参与债券市场。央行其实不能称其为投资者，它不是以盈利为目的，这只是它调整货币量的一种手段，它买债券时意味着货币流进债券市场，它卖债券时意味着货币回流进央行。

什么影响了债券价格？

最直观地说，债券价格是由供求关系博弈出来的，这句话正确而无用，我们肯定是想挖出更深层次的一些影响因素。换一句话说，能够影响债券价格的因素，其实也可以称为风险。

利率风险，国债的收益率其实可以认为是一种市场利率，利率是什么？通俗地说，利率就是货币的价格，物以稀为贵，货币紧缺时，大家都很难借到钱，利率就高，货币宽松时，金融机构都愿意把钱借给你，利率就低。前面介绍过，债券价格和收益率是硬币的两面，当利率下降时，债券价格升高，当利率上涨时，债券价格下跌。

通货膨胀，当通货膨胀预期比较高时，大家就不愿意把钱投资到债券市场中，债券价格就会下降。通俗地说就是钱不值钱了，值不值钱是一种相对概念，钱不值钱的意思其实就是物更值钱了，所以，当通胀预期较高时，钱会从债券市场流向股票市场和大宗商品市场，股票和大宗商品是抗通胀的，而存款和债券是通胀的牺牲品。

信用风险，我们一般只在讨论企业债时用到信用风险。由于企业债风险较大，所以，相同的现金流模式，企业债就需要卖得便宜一些，对应的就是收益率会高一些，收益率高出来的部分就是风险溢价。企业也分三六九等，在债券定价时，需要把信用风险考虑进去，在这样的需求下，就产生了一些风险评级机构，如美国的标普和穆迪，这些评级机构通过一些打分标准，把企业风险也分为三六九等，最高等级为ＡＡＡ级，最低为Ｄ级，在BBB以上被称为投资级债券，BBB以下被称为投机级债券，也称垃圾债。当评级机构把一种债券的信用等级调低时，投资者就会降低对这个债券的信心，进而反映到债券的价格上，债券价格下跌，收益率升高。这种信用等级下降的风险，被称为降级风险。

美债市场比较成熟，体量大，流动性好，被外资大量持有。十年期美债收益率是全球风险资产定价之锚，美债收益率曲线也称为全球经济的晴雨表。为什么说十年期美债收益率是全球风险资产定价之锚呢？十年期美债发行量大，交易活跃，传统资产定价模型都是用未来现金流折现求和的理论，确定折现率的过程就是定价的过程，而折现率的确定就是在无风险收益率的基础上去加各种风险溢价。另外，十年期美债收益率的变化，会影响各种金融市场间货币的流动，这种流动就会引起其他资产价格的波动。

美债收益率曲线被称为全球经济的晴雨表，这句话如何理解。美债有不同的到期期限，一年期以内的称为短期国债，一年期以上十年期以下的称为中期国债，十年期以上称为长期国债。一般来说，越接近到期的国债收益率越低，越长期的国债收益率越高，但是也有例外的时候，美债历史上出现过几次长期收益率低于短期收益率的现象，我们把这种现象称为收益率曲线的倒挂。这种倒挂被市场认为是经济衰退的先行指标，它代表投资者对于长期经济的悲观预期。

债券在资产配置中的意义。股票和债券是两种最重要的投资产品，股票波动大风险高，债券波动小风险低，而且股债相关性不高，甚至大多数时候呈负相关（正相关可以理解为同涨同跌，负相关可以理解为此起彼伏），用股债构建投资组合可以有效降低总资产的波动。格雷厄姆在《聪明的投资者》一书中提出了股债平衡策略，就是把资金50%投资股票，50%投资债券，当股票价格上涨时，股票价值的比例就会超过债券，这时就把股票卖掉一部分，用拿到的钱去买债券，把股债的比例再次调整到1∶1。股债平衡策略本质上是一种高抛低吸策略，就是股票上涨时卖出部分股票买债券，股票下跌时卖出部分债券买股票，这种好处显而易见，它避免了投资者盲目地追涨杀跌，虽然不一定可以获得较大的收益，但一定可以降低投资的风险。当然股债的比例也不一定仅仅局限于一比一，八比二、七比三、六比四、四比六、三比七、二比八都可以，根据自身的风险承受能力，选择适当的股债平衡比例坚守下去，也是一种不错的投资策略。

第四章

钱，我们需要重新认识一下

大家都喜欢钱，有人喜欢赚钱，有人喜欢花钱，有人喜欢攒钱。天下熙熙，皆为利来；天下攘攘，皆为利往。

可是，钱到底是什么呢？

不管你愿不愿意，钱是逐利的，它总会流向利益最大的地方。即使这是你的钱，你也很难控制它的流向。

很多人把钱存在银行里，天真地以为钱就在银行里。殊不知，很快你的钱就被银行贷款给了企业。

很多人投资基金股票，赚一点点就赶紧赎回，美其名曰"落袋为安"。很多人认为钱在自己手里，那才是自己的钱，钱买了基金股票，心里就很不踏实，过一段时间就迫不及待地把它变回银行账户里的那行数字，然后心满意足地看着它。殊不知，它从来都没有属于过你，你今天把它放回银行，第二天银行就把它送往另一个人手里。你以为它一直都在，其实它一直都不在。

世人皆喜欢钱，可是很少有人知道钱是什么？钱是怎么来的？钱喜欢什么？

一、钱只是交换的媒介

钱是什么？

其实世上本没有钱，孕育钱的母体是"交易"，也可以说"交易"是"货币之母"。在原始社会实现交换是通过以物易物的方式，例如我用一头牛换你两只羊，这时还远谈不上商品经济。后来随着农牧经济的发展，产生了社会生产的分工，自给自足以外，很多食品物资盈余出来，交换的需求也越来越强。

以物易物有很多弊端：一是一头牛可能并不能换两只羊，而是可以换两只半羊，但半只羊是无法交割的；二是你有牛，我有羊，你想要我的羊，但我可能并不想要你的牛，我想要的是张三的猪，但张三并不想要我的羊，也不想要你的牛，他想要李四的犁。

由于以物易物太不方便了，人们就找那些稀有且易携带、易保存的东西来作为交易的媒介。石头、贝壳、金属都充当过这种交易媒介，再到后来的金银、铜钱、纸币，钱就这样生成了。钱就是实现交易的工具，这是它的核心职能，也是它从母体里催生出来的缘由。

当然，钱还有另外两大职能：计价方式和价值存储。计价方式是它的第二个职能，这也是作为交易工具的必要条件，假设一头牛2000元，一只羊1000元，我们就知道了什么是贵，什么是便宜，知道了一头牛等于两只羊。人们常说的"存钱"是指价值存储手段，也是钱的第三个职能，我用一头牛换2000元，可我现在不想吃羊肉，我就会把这2000元存起来，等我想吃羊肉时再去买羊。无论存多久，最终的目的都是买，存储只是在时间维度实现交换的递延。而货币也不是唯一的价值存储手段，聪明的人往往喜欢用非货币资产来存储财富。

尽管货币在经济中有三种职能，其最核心的职能依然是交换的媒介，它是实现交易的工具。为了加深印象，我把定语去掉，"钱是工具"。

钱是工具，似乎不是很容易理解，因为按惯常，很多人把赚钱作为目的。如果钱仅仅是工具，那么我们的目的是什么？我们的目的应该是财富，是资产，这种资产可以包括货币资产，但更重要的是非货币资产，可以是房子、股权、债券，也可以是知识、健康、幸福。钱是工具，它只是为了让交换更便捷。

在贫困时，人们渴求钱，是为了能换来更多的生活物资，随着人们越来越富有，这种需求会逐渐降低，而能够拥有对钱的驾驭能力，显得越来越重要。小品中说"人生在世屈指算，最多三万六千天，纵有广厦千万间，睡觉只需三尺宽"。单就个人而言，对物资的消耗是有限的，我们应该慢慢学会不要把赚钱作为目的，而要把钱看作实现自己理想的工具。

不管你相不相信，即使你再有钱，如果你没有对钱的驾驭能力，你的钱会很快流向能够驾驭它的人。比如你家拆迁，分到1000万元拆迁款，你会拿这1000万元做什么？500万元买套房，50万元买辆车，每天鸡鸭鱼肉，然后呢？剩下的钱做什么？有的人学会赌博，很快就输掉了，这种情况在拆迁户里并不少见。有的人比较老实，把剩下的钱存到银行里，于是银行把它贷给了能够驾驭它的人，你的钱对于你来讲只是躺在银行里的数字，而它作为工具已经为他人所用。还有人把手里的钱都买了房，你买房的同时其实付出了钱，这些钱也流向能够驾驭它的人，买房子在前几年确实是大赚一笔，但不管你相不相信，房子作为100%的资产配置，从今往后已不再适合了。如果你没有驾驭它的能力，作为工具，它就会为他人所用，这就是现实。

钱是交易的媒介，钱是工具。钱就是用来买的，但买分两种方式，一种方式叫消费，买的是商品，商品是用来满足人们生活的物质文化需要，最终都耗散掉了。另一种买的方式叫投资，买的是生产资料，是机器厂房，是人工劳力，是知识产权，也可以是股权债权。

钱是交易的媒介，钱就是用来买的。人对于用钱的态度无非就是两种，消费和递延消费，消费是为了现在的需求，递延消费就是存钱和投资，是为了以后的需求。人必须要在现在和以后之间做出权衡取舍，这是人性的修行；而最大化递延消费的功效，这是投资的修行。

钱不是财富，房子是财富，车子是财富，宽敞的马路是财富，美丽的公园是财富，工厂是财富，写字楼是财富，健康是财富，知识也是财富。但钱不是财富，钱就是为了方便你消费以享受现在，钱就是为了方便你递延消费把盈余变成某种资产沉淀下来，钱只是交换的媒介，只是为了方便你去交易，如此而已。

二、钱从哪来

一千个人眼里有一千个哈姆雷特，在孩子的眼里，钱是从ATM里取出来的；在劳动人民眼里，钱是靠辛苦的劳动换来的；在房东眼里，钱是靠收房租收来的；在商人眼里，钱是从买卖中赚来的。钱如同水，从张三手里流到李四手里，再从李四手里流到王五手里，每个人都离不开钱，也都留不住钱，钱的流动没有终点，钱只有在运动中才能创造价值，钱流过张三时，张三获得了一台电脑，钱流过李四时，李四收获了一次旅行，钱流过王五时，王五盖起了两间商铺。钱一遍一遍地从大家的手里流过，大家也越来越富有，钱的流动推动着整个经济的发展。

现在硬币和纸币这种实物货币已经越来越少了，现在的交易大多都是通过转账实现的，大多数钱都只不过是银行账户里躺着的数字而已。我买了20元水果，银行就会在我的账户上减20元，在水果摊的账户上加20元，交易的过程就是这些数字在各个账户上跳来跳去的过程。

我们知道账户里的钱是有人转给我们的，可是这些钱最初是在哪里创造的呢？谁是开天辟地者？谁是推波助澜者？下面我们聊一下货币的创造。

央行有个资产负债表，简单来说就是个账本，央行在这个账本的负债端写个数字，资产端写个数字，钱就被创造出来了。然后央行会拿这个数字在金融市场上去购买国债或者把这个数字借给商业银行，于是这个数字就到了商业银行等金融机构手里。

央行在资产负债表上写的数字叫基础货币，这是货币创造的第一步。基础货币到了商业银行手里，生成了商业银行的超额准备金，商业银行可以把这些钱贷款给公众A，公众A往往并不取现，而是把拿到的贷款购买了公众B的货物，于是这些数字转化为公众B在商业银行的存款，商业银行获得存款，存款的一部分必须存在央行做法定准备金，其余部分可以继续对外贷款，贷款又会转变为公众C的存款，存款的一部分又可以贷款出去，贷出去的钱又会形成新的存款，新的存款又可以继续对外放贷。通过这种方式，商业银行可以变出更多的货币，变出来的货币叫作派生货币。

什么叫准备金？公众把钱存在商业银行，商业银行为了满足公众取钱的需求，并不会把吸收到的存款都放贷出去，而是留下一部分作为准备金。准备金可以以存款的形式存放在中央银行,可以以库存现金形式由商业银行自己持有。准备金占银行存款的比例被称为准备金率。可以想象一下,如果准备金率是100%,商业银行必须把吸纳的存款全部作为准备金,就失去了延续贷款的能力,也就失去了派生货币的能力。如果准备金率为0,那么,商业银行就可以把吸纳的存款全部放贷出去,贷款又变成存款,存款又变成贷款,商业银行放大货币供应量的能力就是无限大的。

现实是法定准备金已经形成一种制度,央行可以控制法定准备金率,通过控制这个比率来影响最终创造的货币量。但法定准备金率和最终创造的货币量并不是一种硬连接,因为法定准备金率只是一个单向的限制指标,当提高这个比率时,商业银行迫于这个制度只能收缩贷款规模;当降低这个比率时,商业银行基于信贷风险却并不一定会对外多贷款,导致实际的准备金率可能远高于法定准备金率,能放贷而未放贷的钱称为超额准备金,也就是银行有钱却不愿意放贷。所以,法定准备金制度像一根绳子,而不像一根棍子,如同放风筝一样,拉一下绳子就可以让风筝回来一些,而松绳子却并不一定会让风筝飞得更高,这要看风的状况和风筝的意愿,在这里风就是信贷环境,而风筝就是商业银行。

在这个模型中我们忽略了另一个创造货币的参与者,因为这个参与者现实中的影响能力并不强,这个参与者就是大众,如果大家把拿到的钱都以现金的形式持有,那么就不会在银行形成存款,商业银行也就失去了继续创造货币的能力,但是对于芸芸众生来说只是假设,现实是大家持有的现金量是相对稳定的,尤其是现代社会,不太可能出现不约而同地去持有大量现金的情况。

我们总结一下,央行是通过买和贷把基础货币输入到金融体系的,这里的买包括央行在市场上购买外汇、国债、黄金等,这里的贷就是央行对商业银行等金融机构的贷款。商业银行是通过存和贷把派生货币创造出来的,存款变贷款,贷款变存款，最终把公众在银行的存款总额给放大。最终基础货币表现为流通中的现金和商业银行的准备金，而货币供给为基础货币和一个倍数的乘积，这个倍数就是货币乘数，这个乘数和法定准备金率、超额准备金比率、大众持有的现金比率有关，法定准备金率是央行的意愿，超额准备金率是商业银行的意愿，而现金持有比率是大众的意愿。

三、社会需要多少钱

钱是交易的媒介，钱是一种工具，作为工具，自然是够用就好。这就和我们吃饭用的筷子一样，筷子是吃饭的工具，它可以把菜送到你的嘴里，五口人用五双筷子就够了，顶多再加两双作为备用。

一个国家需要多少钱，取决于需要交易的商品数量和钱的使用效率，并不是越多越好。我们简化一下这个模型，假如一个封闭的世界只有3个人，他们是张三、李四、王五，有一天张三付了1 000金换了李四一头牛，1 000金到了李四手里，六个月后李四拿这1 000金买了王五的两只羊，钱又到了王五手里，又过了半年，王五用这1 000金买了张三三头猪，这1 000金又回到了张三手里。这个封闭的世界里只有这1 000金，一年之中这1 000金使用了三次，被交易的商品为一头牛、两只羊、三头猪，总共价值3 000金。假如这个封闭的世界中一年需要交易的商品只有这一头牛、两只羊、三头猪，一年的交易也只需这三次，这1 000金作为媒介就可以满足交易的需求。结论就是，一年中有3 000金的商品需要交易，钱的使用效率为一年三次，1 000金的货币量就够了。

以上只是个极简模型，但任何复杂的理论都是由简单而生的，我们有时候沉迷于这茫茫嘈杂的世界，而忘记了最本质的东西。每日匆匆奔走于万物之中，很容易身心疲惫，思维变成了从复杂到简单，颠倒了思考的顺序。

所以结论就是，一个国家需要多少钱，取决于需要交易的商品数量和钱的使用效率。

还是以上的封闭模型，我们做个延伸，假如这个封闭的世界里1 000金变成了2 000金，会发生什么？这时候一头牛的价格就从1 000金变成了2 000金，两只羊的价格也从1 000金变成了2 000金，三头猪的价格也从1 000金变成了2 000金，这个封闭世界并没有更富裕，财富依然只有这一头牛、两只羊、三头猪，可是这时张三、李四、王五都宣称他们拥有的财富从1 000金增加到2 000金。这时商品价格的增长叫作通货膨胀。

说起通货膨胀，不得不提津巴布韦，在津巴布韦发生的超级恶性通货膨胀。一张面额1 000万津巴布韦元的纸钞，只能换到1.5美元，而在津巴布韦买一只鸡要1 300万津巴布韦元。滥发货币掏空了津巴布韦百姓的财产，拖垮了津巴布韦的经济。

还是以上的例子，我们假设张三有铸币权，张三买了李四的牛，付出1 000金，张三这时没钱了，于是张三开动印钞机又印了1 000金，拿着1 000金买了王五的两只羊，这时流通的货币变成了2 000金，而物价变为一头牛价格2 000金，两只羊价格2 000金，李四和王五每人手里1 000金，这时李四想把自己卖给张三的那头牛给买回来，发现买不起了，1 000金只能买半头牛；王五也想把自己卖给张三的那两只羊买回来，但发现手里的1 000金只能买回一只羊。李四和王五手里的钱不值钱了，财富被有铸币权的张三无情地掠夺了。

以国家为例，铸币权在央行手里，国家没有掠夺人民财富的动机，央行的印钞机也是相对节制的，印多少钱取决于GDP的增长和货币政策的松紧。

再重复一次，一个国家需要多少钱，取决于需要交易的商品数量和钱的使用效率。而在一国正常运转下，在十几亿人的正常经济活动中，钱的使用效率可以被认为是恒定的。所以，一个国家需要多少钱，取决于需要交易的商品数量。

一国的GDP增长1%，可以粗略地认为一国多出了1%需要交易的商品和服务，所以，在无通胀的情况下，M_2广义货币量也增加1%即可。

货币M_0=流通中的现金

狭义货币M_1=M_0+企业活期存款

广义货币M_2=M_1+准货币（定期存款+居民储蓄存款+其他存款）

这种划分和流动性有关，现金肯定是用来花的，所以，M_0的流动性最强，狭义货币M_1也可以随时用于支付和流通，它代表经济中的现实购买力，广义货币M_2，既反映经济中的现实购买力，又反映经济中的潜在购买力，它可以反映社会总需求的变化和未来通胀的压力状态。M_2是反映货币供应量的重要指标，很多国家把M_2作为货币供应量的调控目标。

一般来说，M_2的增长率会略高于GDP的增长率，因为适度的通胀对整个社会没有坏处，反而会刺激经济发展。通胀会导致大家手里的钱不值钱，反过来就是物价上涨了；假如货币增长速度少于GDP增速，可能会导致通缩，通缩的意思是大家手里的钱更值钱了，反过来就是物价下跌。可能有人会说物价下跌不是好事吗？我们可以买的东西就更多了，其实没有这么简单，假如你开了个工厂，生产铁锹，原材料就是钢材，你和商店签订了合同，一把铁锹卖20元，可以赚1元，这时你发现钢材在不断降价，一把铁锹可以赚2元了，你很开心，你想反正商店每年向你买的铁锹数量都是一定的，我过一段时间再去买钢材，那时钢材应该会更便宜，那样每把铁锹赚到利润就更多了，所以，你给商店打电话"喂，老王啊，铁锹我晚两个月交货哈，没办法，体谅体谅"。所以，通缩会导致大家消极生产，因为物价下跌意味着手里的钱会越来越值钱，所以，大家倾向于把钱拿在手里，而不是去促成交易。

温和的通胀对经济发展是有利的，通胀多少合适？一般认为1%～2.5%是相对不错的区间。每年物价上涨在2.5%以下被认为是不知不觉的通胀，无形间可以使大家感觉多赚了一些，因为提高物价可以使厂商多得一点利润，以刺激厂商投资的积极性，还可以使工人的平均工资也多一些，刺激员工的工作积极性。而温和的通胀也不会导致社会动荡，温和的通胀能像润滑油一样刺激经济发展，也就是所谓的"润滑油政策"。

最后再重复一遍：一个国家需要多少钱，取决于需要交易的商品数量。钱发多了就会导致通胀，钱发少了就会导致通缩，而温和的通胀就像润滑油一样，对经济的运转有利。

四、金融市场中的货币现象

钱就是用来买的，但是能够买的市场有很多，可以买商品、买服务、买房产、买股票。我们可以简单地把市场分为商品市场和投资市场，当过多的钱去争相购买有限的商品时，就会导致商品价格上涨，表现为通货膨胀，也就是钱不值钱了，以前10元一碗面，现在要花20元。当过多的钱去争相购买资产时，就会导致资产价格上升，表现为资产大涨。

钱就是水，钱流向哪里，哪里就会涨价，也就是水涨船高。

商品市场涨价往往比较温和，因为大家购买商品更多的是生活需要，人对物资和服务的消耗是有限的，所以，钱对于商品的追逐也是有限的，物价是随着广义货币M_2的水位温和上升的，甚至很多商品由于生产力的提高，反而会越来越便宜，商品市场更像是一个大大的湖泊，钱如同一条条小溪温和地流入。

每个人都承受着商品市场的货币贬值，只要活着就要消耗物资，每个人都躲不掉，通货膨胀或多或少，几乎每年都有，长年下来，通胀就如同温水煮青蛙，一点一点蚕食着我们的储蓄。毫无疑问，在商品市场中这种货币现象对我们不利，同样金额的购买力在逐年下降。

而在投资市场，货币超发引发的资产价格上升的现象，对于资产持有者无疑是有利的。资产价格上升的利，完全可以抵消掉物价上升带来的弊，甚至还有极大的结余。但是投资市场的利并不是每个人都能享受到的，对于那些手里没有持有资产的人来说，货币超发确实稀释了他们的财富。

投资市场和商品市场有很大的区别，我们购买商品的目的是生活需要，是够用就好；而购买资产的目的是资本获利，是越多越好。随着居民收入越来越高，生活结余的钱越来越多，它们的流向就成了真正的洪水猛兽，所以，股市的震荡起伏要比商品市场大得多，这也是很多人不敢参与投资市场的原因。

理解金融市场中的货币现象，对于我们的投资有很大的帮助。

从宏观角度来说，资产价格和商品价格一样，都是随着货币的超发而上涨的，这种上涨是整体水位的上涨，这种上涨是大趋势。从大趋势来讲，我们都应该参与资本市场的投资，否则必然承受其苦，而未受其利。

从微观来说，投资市场的资金流向是洪水猛兽，它并不是平均流向各类资产的，而是一会儿追狗，一会儿撵鸡。当钱流向房地产，房地产大涨；当钱流向贵金属，贵金属大涨；当钱流向股市，股市大涨。股市中又分为各个板块，去年可能钱喜欢追着白酒和医药跑，今年可能喜欢追着新能源和半导体跑。

最终的结论就是，投资市场整体的大趋势是上涨，但是不同资产间价格波动巨大。能看懂钱的流向，就能更好地做好投资。

很多人说股市是经济的晴雨表，经济不好了，所以股市要走熊了，这种观点大错特错。其实股市从来就不是经济的晴雨表，经济对于股市的影响在于长期，是五年、十年甚至更长期的走势，这种长期的走势用晴雨表这个词表达不太准确。股市其实是货币的晴雨表，当市场预期到货币将要宽松，或者货币宽松之初，聪明的资金就已经开始进入股市了，然后随着货币宽松的资金流入股市，股市就会越涨越高。

疫情刚开始时的大跌是由于恐慌，是由于流动性危机，对于恐慌者一两天就把股票卖光了，对于流动性需求者，需要卖出股票，换回资金来渡过难关，这个过程也不会占用太长的时间。接下来从资金流向的角度来看，股市势必会迎来上涨，这时是买入的最好时机，而不是逃离股市的最好时机。

大的资金流向往往容易判断，我们可以从这些判断中去获益。但是要精确判断资金流向却是难之又难，比如我们很难判断接下来资金会去追逐哪个板块，是军工还是有色。我们或许可以看到某一天有色板块的成交量很大，但是可能仅仅只是这一两天，然后迅速就黯淡下来。如果我们觉得军工已经大涨了一段时间,资金的流向已经很明确了,那么军工板块也已经算是到了较高点,这时再买入,已经错过最大的上涨期,反而会承担高处不胜寒的风险。

股市是货币的晴雨表,我们需要关注货币的宽松和收紧,需要关注货币的流向。但关注不是执念,我们是为了判断大趋势,而不是为了跟着热钱跑来跑去。

第五章

经济是如何运行的

前面说过，股市并不是经济的晴雨表，而是货币的晴雨表。晴雨只是对短期的一种预测，而经济对股市的影响是长期的，是穿越了春夏秋冬，对青山依旧的一种执念。

巴菲特在2019年致股东的信中明确表示，回顾他77年的投资生涯，他和芒格高兴地承认，伯克希尔的成功，很大程度上只是搭了美国经济的顺风车。在1942年，巴菲特用自己攒的114.75美元买入了他第一只股票。用数字来说明，如果巴菲特的114.75美元投资在标普500指数基金上，所有股息都进行再投资，那么到2019年1月31日，他所持股份的价值将增至606 811美元，这相当于每一美元赚了5 288美元。

在时间的长河中，经济的发展肯定会遇到各种各样的问题，GDP肯定会面临波动，而股市的波动要比GDP的波动剧烈得多，但是，从长期来看，GDP和股市拥有极强的相关性。经济的繁荣势必会成就非常多优秀的上市公司，上市公司的成长必然会为投资者带来丰厚的回报。

一个简化的公式可以说明股市和GDP的关系：

整个股市的收益率=GDP的实际增长率+通货膨胀率+股指P/E倍数的变化+股市的股利收益率

我们平时看到的大盘指数的上蹿下跳，更多的是因为股指市盈率的剧烈波动，它更多反映了市场情绪和货币是否宽松，在牛市，货币宽松，市场情绪高涨，股价大涨，股指的市盈率也会涨得很高，但股价不可能脱离基本面涨到天上去，而且随着市场情绪回归理智，市盈率就会逐渐下来。股指市盈率的变化在短期影响巨大，从20倍涨到40倍，就意味着股价翻番。而从长期来看，把市盈率的变化平摊到每一年，影响就微不足道。市盈率的变化，更像是海面上的惊涛骇浪，让身处其中者，心惊胆战。而推动股市长期发展的，是GDP默默无闻的日积月累。

看清经济的发展趋势，读懂经济中的宏观政策，对于投资具有重要的意义。当我们驾驶着资产增值的小船在经济发展的洪流中奋勇前进时，要学会顺势和借势，尽力避免被股市中的惊涛骇浪所伤。

一、GDP和四部门经济

GDP就是国内生产总值，就是在一定时期内（一个季度或一年），一个国家或地区所生产出的全部最终产品和劳务的市场价值总值。

GDP的概念包括四个要素：一是国内，国内是一个地域的概念，无论国籍，只要是在这片土地上从事生产劳动，就需要统计进来；二是一定时期，这表明GDP是一个流量的概念，不是一个存量概念，它类似于你的年收入，而不是你的总财富；三是最终产品和劳务，最终产品是相对于中间产品和半成品而言的，最终产品的价值已经包括中间环节的增值部分，既能代表所有的劳动产出，又避免了重复计算；四是市场价值，如果把所有产出列个物品清单，一方面太过复杂；另一方面无法比较，以货币去统一计价可以很好地解决这个问题。

GDP类似于年收入，如果我们的年收入在高速增长，代表我们的日子越来越好，而国家的GDP高速增长，就代表老百姓的日子越来越好。

GDP如此重要，是什么决定GDP的水平呢？

经济学中最重要的一对概念是供给和需求，无论在微观经济学还是宏观经济学中，始终都离不开供给与需求的讨论。如果没有生产能力，有需求也无济于事，只能是望梅止渴、画饼充饥。如果没有需求，生产便无从谈起。可能有人会说："怎么会没有需求呢？需求一直存在，只不过没有钱买而已。"仅从经济学的需求出发，没有支付能力的需求其实不是需求，市场经济的机制本身是靠看不见的手来支配的，这只看不见的手就是价格机制和供求机制。没有支付能力和支付意愿的需求就不是需求，如果没有需求，便不会有人生产，即使生产出来也是一种浪费。

所以，供给和需求都是影响GDP的因素。

供给其实是一种生产能力,柯布-道格拉斯生产函数可以很好地描述投入和产出的关系。$Y=f(A,K,L)$,Y为总产出;A为全要素生产率,可简单地理解为科技水平;K为资本投入;L为劳动力。可以简单地理解为总产出受科技水平、资本投入和劳动力的影响。科技越发达,资本投入越大,干活的人越多,总产出就越大。

中国前一个阶段的高速发展离不开人口红利。简单来说就是适龄劳动人口的比重比较大,在当时的现实条件下,科技落后,一穷二白,唯有大量廉价的劳动力是推动经济发展最可靠的要素。丰富的劳动力资源和成本优势,让中国逐渐成为世界工厂,推动了经济的巨大发展,创造了经济发展的奇迹。但是,红利的另一面就是债务,随着中国逐步进入老龄化,社会负担会越来越重,适龄劳动人口会越来越少,也面临着如何化解人口负债的问题。

招商引资也为经济注入了很大的活力。但是资本的投入具有边际效率递减的特征,当整个基础建设和工厂设备都已经建立起来以后,资本继续投入的效益就会逐渐减小。

真正可以产生持续性的是科技的进步。人口红利和资本红利过去以后,中国经济增长的来源也在逐步转到技术进步上,中国在大力推动科技创新。在资本市场上推动独角兽回归A股,进行科创板注册制改革,成立北京交易所,各地建立政府引导基金,都是在做同样一件事情,大力推动科技创新。

参与经济活动的角色形形色色,但简单来说就四大类,所以它们也被形象地称为"四部门经济",供给侧生产的东西,需要靠需求侧买走,需求侧四个部门分别是居民、企业、政府、外国人。这四个部门就是四个花钱买东西的,居民买东西叫消费,企业买东西叫投资,政府买东西叫政府购买,外国人买东西叫净出口。

有人买东西太重要了,因为没有买,就不会有卖,没有卖,就不会有生产。刚开始,居民没有钱,购买力很弱,那让谁买呢?当然是让外国人买,人家为什么要买呢?答案是卖便宜一点儿,这也就是国家对出口企业有很多优惠政策的原因之一。国家鼓励出口，赚了外汇就可以购买国外的先进设备，增加投资。

要致富，先修路，政府也需要投资，投资就是买东西，政府买东西也需要钱，钱从哪儿来，征税、卖地和发债，所以，国民承担较高的税负和房价，政府也承担了很大的债务负担。现在中国的基础设施建设做得很好，城市和道路焕然一新，有了这些基础设施，企业的发展也会很快，企业发展起来，老百姓就有钱了。

拉动经济的三驾马车是投资、消费和出口，在这里没有强调政府购买，是因为政府购买本身是一种服务需求和调控需求，而且政府购买具有挤出效应。随着居民越来越富裕，中国经济对出口的依赖程度正在逐渐降低，而居民消费对经济的拉动作用正在变得越来越重要。

供给能力看的是科技、资本和劳动力，需求拉动看的是消费、投资、政府购买和净出口。看懂中国经济的发展，把握未来经济发展的趋势，可以有效地帮助我们在投资中看得更清楚和更长远。

二、CPI是个"水位计"

钱就是"水"，经济的运行离不开钱，正是钱的流动推动着整个经济的运行。央行印钱被形象地说成是放水，央行收缩货币就是抽水，水放出来会到处流，过多的水流到同一个地方，就会水涨船高，价格就要涨。

没有水不行，万物都离不开水，水太多也不行，水能载舟，亦能覆舟。放多少水合适呢？一般来说，GDP增长百分之几，M_2相应的就增加百分之几，但是为了让流动性保持适当充裕，一般来说M_2的增长率会比GDP略高一些，高的这部分就会产生温和通胀，也被称为经济的润滑剂。

如果可以按照GDP增速决定放多少水，反而容易了，因为GDP是相对容易预测的数据。而实际上，水量是极其难以控制的，央行只能控制基础货币，商业银行控制着派生货币，而广大居民控制着储蓄率，水的流向也是极其难以掌握的，它可以流向商品市场，可以流向股票市场，也可以流向房地产市场，水的流速虽然相对稳定，但是也会受到外部冲击的影响。

那么，央行怎样控制放水呢？其中很重要的一个指标就是CPI，即消费者物价指数。它反映了一定时期内城乡居民所购买的生活消费品和服务项目价格变动的趋势和程度。CPI是度量通货膨胀的重要指标，CPI的高低可以在一定程度上说明通货膨胀的严重程度。

CPI是一篮子商品和服务的价格指数，这个篮子里的东西都是和居民日常生活息息相关的，衣食住行、文化教育、医疗卫生等都体现在这个篮子里。CPI关乎马斯洛需求层次理论中最基础的生理需求和安全需求，这是居民是否能够安居乐业的根本，也是国家对于人民群众最基础的社会责任。一般认为物价水平每年增长1%~2.5%是比较健康的水平。

维护币值稳定是央行的重要职责，CPI就是反映币值是否稳定的关键指标，如果CPI过高，央行就会出台宏观经济调控措施，通过收紧货币来稳定物价。

CPI与货币发行的空间关系和时间关系如下：

放水并不一定会引起通货膨胀。货币是交易的媒介，它本质上是一种工具，几乎所有的交易都在使用货币这种工具，而CPI这个篮子里的商品只是其中的一部分。因为放出来的水不一定会流向商品市场，所以，放水并不一定会引起CPI的增长，可能会引起房价上涨或股票上涨。每种市场都是一个蓄水池，都占用着大量的货币资源，市场规模越大，蓄水能力越强，见下图。

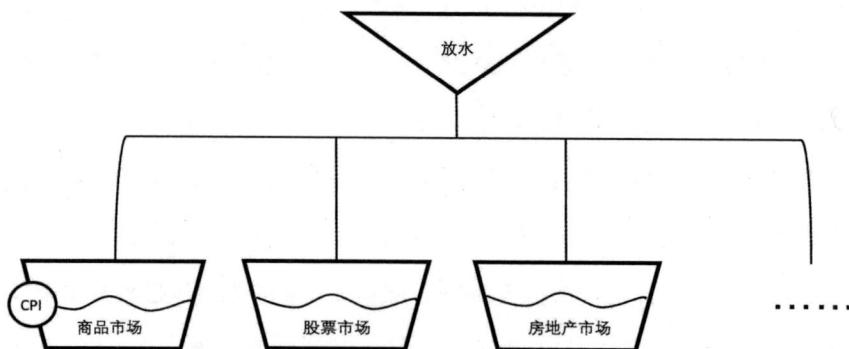

在经济比较落后时，以生产资料和生活资料为主的商品市场是主要占用货币资源的市场，随着经济的发展，资产交易市场的规模越来越大，它们吸收货币资源的能力也越来越强。美国在2008年次贷危机中发行了大量货币，然而这些增量货币并未转化成通货膨胀，在过去的10年中，美国的CPI基本控制在1%~2.5%，可是美股却走过了10年长牛。

从时间的维度看，CPI是一个滞后指标。在货币的发行和传导过程中，居民是最后一个拿到钱的主体。从央行扩表开始，首先拿到钱的是金融机构，这些钱一部分推高了资产的价格，另一部分流入了实体企业，实体企业经营改善后会扩大生产，扩大生产增加了劳动力需求，然后钱以涨工资的方式流到居民手里，居民手里有了钱，会增加消费，通过购买推高CPI。在货币传导的过程中，越早拿到钱就会越早获益，金融机构从资产增值中获益，实体企业从改善经营中获益，而等到居民涨工资时，资产已经涨了，而物价也在涨了，其真实的购买力可能并没有增加。

对于普通居民来说，抗通胀有三种方式：一是涨工资，二是买房，三是投资。涨工资是被动的，买房具有高门槛，而且国家最近一直宣传贯彻房住不炒，投资理财是我们一辈子要做的事情，学会投资理财一方面可以提升对世界的认知；另一方面可以帮助我们实现资产增值。

CPI如何帮助我们投资呢？通过CPI看信贷环境，当CPI控制在一定范围内时，货币可能会一直保持适度的宽松，货币的宽松对于资产市场是有利的，股市和房地产市场都会受益，房地产的几次上涨都和信贷宽松有关，但现在房地产属于高监管的行业，还是尽量不要触碰。如果CPI上升，一旦超出可以容忍的范围，央行很可能会出台货币政策进行调控，通过提高存款准备金率或提高利率来回收货币，货币回收很可能会引起资产价格下跌。

三、周期里的财富密码

经济的发展不是一条斜向上的直线，而是一条波动向上的曲线。它就像一台老爷车，行驶在路况极其复杂的道路上，路上坑坑洼洼，还时不时有行人乱穿马路，车速无法保持一种匀速，有时快，有时慢，有时还会停下来，甚至往后溜车。这台车也不太好开，每次踩油门获得的加速度都不太一样，有时反应迟缓，有时反应过度，踩刹车时也一样，你根本无法预判这一脚的刹车距离。经济就是这样一台车，国家就是这台车的驾驶员，宏观调控就是驾驶的过程。

要精确预测这台老爷车的行驶轨迹太难了，但是这台晃晃悠悠的老爷车也并非毫无规律可言，经济周期理论就是对经济波动规律的分析和总结。

经济周期常常被分为四个阶段：繁荣、衰退、萧条、复苏。为了方便理解和记忆，可以将它分为两个阶段，扩张期和收缩期，其实扩张的早期就是复苏，扩张的晚期就是繁荣，收缩的早期就是衰退，收缩的晚期就是萧条。生产能力（总产出）可以用柯布-道格拉斯生产函数进行描述，然而经济并不是仅仅由生产能力决定的，还受到需求侧的影响，把这种理论上的生产能力表述为潜在GDP，潜在GDP是一条直线，而实际GDP是围绕潜在GDP波动的一条曲线，把实际GDP相对于潜在GDP上升的过程描述为扩张，把实际GDP相对于潜在GDP下降的过程描述为收缩。

在扩张阶段，商品总需求旺盛，订单爆满，工厂加班加点，企业主信心十足，投资扩产积极，外部环境资金充沛，可以为企业提供充足的弹药补给。在收缩阶段，市场需求疲软，产品滞销，产能空闲，企业主情绪低落，外部环境资金收紧，企业资金链紧张，甚至导致部分企业破产。

经济波动会引起企业盈利的波动，形成企业的盈利周期。因为GDP就等于所有企业的总产出，GDP波动也就是企业产出的波动，企业产出的波动就会引起企业盈利的波动，由于企业都有经营杠杆和财务杠杆，净利润的波动幅度会比企业产出的波动幅度大得多。

什么是杠杆，杠杆就是一个放大器，经营杠杆是企业经营中存在固定成本而使利润变动率大于产销变动率的规律，由于产销量的增加会使平摊到每一件商品上的固定成本减少，从而提高了单位产品的利润率，使利润增长率大于产销增长率。比如航空业,飞机从A地飞往B地的成本几乎是固定的,它的利润可能就是最后5排乘客的机票收入,假如一共有50排乘客,流失5排乘客的销售收入,从收入的角度上是下降了10%,而在利润的角度上是下降了100%,因为没有这5排乘客,飞机这一趟的利润为0。财务杠杆就是公司存在举债经营,事实上所有的上市公司都有借债,举债经营是一种常态。债本身就是一种杠杆,比如房贷,房子100万元,首付30万元,贷款70万元,房价涨了1倍,变成了200万元,我们还掉贷款70万元,还剩130万元,相当于30万元的自有资金赚了100万元。借债可以使我们赚钱的时候赚得更多,亏的时候也亏得更多,企业举债经营同样也是动用了债务杠杆。

杠杆是一个放大器,正是因为有了杠杆的存在,放大了企业产销收入上涨或下跌对企业盈利的影响。所以,GDP增长率看起来可能只波动了几个百分点,而企业的盈利可能经历了非常明显的波动,企业盈利的波动幅度要明显大于经济的波动幅度。

经济周期和企业盈利周期称为基本面周期。除了基本面周期之外,还有资金面周期和情绪面周期,这两个周期对于投资的影响有过之而无不及。

资金面说的是货币是否宽松。当货币宽松时,企业更容易借到钱,银行的员工会争先恐后地给企业打电话,向企业推销它的信贷产品,由于经济繁荣,一切看起来都很好,需求旺盛,企业经营也红红火火,仿佛风险不存在,贷款机构急于把钱贷出去,甚至降低利率,对借款人的审核也越来越宽松。货币宽松还会推动股市的上涨,股价上涨也提升了大家的借款能力,借款人通过股权质押可以获得更多的借款。企业拿到借款并不会存在银行里白白支付利息,而会拿这些钱去投资,企业的投资往往都是长期的,比如新建厂房、购置机器设备、招聘更多的员工。由于短期债务成本更低,企业会通过“借短投长”和“借新还旧”来延展债务,当信贷环境宽松时,一切看起来都非常顺利。但是风险产生于其乐融融之中,最糟糕的贷款都是在最好的时候做出的,过分宽松的信贷环境蕴藏着巨大的风险。

　　当有一天，央行认为经济过热，突然收紧货币，或者贷款机构突然意识到发放的贷款风险过大，从而不愿意继续对外放贷时，噩梦就开始了。货币收紧时，资质不好的企业无法在市场上借到钱，无法借新债，就会导致旧债还不了，从而产生违约。违约的产生让贷款机构更加谨慎，继续收紧信贷，贷款的利息越来越高，企业以前的产能扩张导致产能过剩，产品滞销，资金链越来越紧张，加之短期内很难获得贷款补血。由于货币收紧，股市里的钱外流，导致股价下跌，股权质押价值下降，不断触及平仓线，大量股票被抛售，形成踩踏。坏消息不断传来，企业经营艰难，投资者惶惶不安。

　　当货币宽松，推动股市大涨时，风险会伴随着股价的上涨逐渐积聚，资产价格慢慢脱离基本面，在高空中飘扬，这时是比较好的卖出股票的时机。当货币收紧，最终引起股价大跌时，会产生很多便宜的资产，这时其实是海水退去疯狂捡贝壳的好时机。如果在这个时间点，手里握有大量的资金，无疑是最幸福的事。永远记住，风险是涨出来的，机会是跌出来的，在股市大涨时不要忘乎所以，保持一份理智，在股市大跌之后不要过分恐惧，要坚守一份勇敢。

　　有效市场假说认为，股价能够充分反映所有的信息，不合理的价格将会很快被消除，这一假说为我们描述了一个理想的市场，这个假说的前提条件之一就是市场的参与者都是理性的人，这可能是有效市场最荒唐的假设了。而事实上，人并不是理性的，而且受情绪的影响很大，不合理的价格并不会被迅速消除，而是在市场乐观情绪的驾驭下逐渐走向极端，在市场的悲观情绪下又走向另一个极端，市场在合理的价格上停留的时间极短，它不是在走向合理价格的路上，就是在背离合理价格的路上。翻开股票市场的历史走势图，股指一次次像过山车一样，欢呼着冲向高点，又在惨叫声中落回低点，而且爬得越高跌得越惨。

　　下图形象地描述了市场情绪周期变化的过程，当市场上涨了一段时间，市场情绪逐渐变得乐观，越来越多的投资者开始买入股票，股价继续上涨，市场上充斥着振奋人心的消息，无论在工作单位还是朋友聚会，人们听到越来越多关于股票的讨论，小张的股票已经赚了一大笔。慢慢地身边有很多人开始咨询开户的事情,以前根本不碰股票的人也开始加入炒股的队伍,股市还在涨,大家都在谈论这次大牛市。当然在市场的上涨中,也有人认为股价有点过高了,但是种种迹象表明行情还远远没有结束,股价屡创新高,好消息不断传来,本来只是玩玩的人把越来越多的钱投入股市中,股市仿佛遍地是黄金,每多待一天都有一根金条进账,还有什么比这样的机会更振奋人心呢。很多获利了结的人在股市的继续上涨中,也越来越按捺不住,于是一个回马枪又连本带利地投入股市中,市场已经从贪婪进入狂热,很多人开始后悔自己太谨慎了,进来的太晚,而且仓位太低。

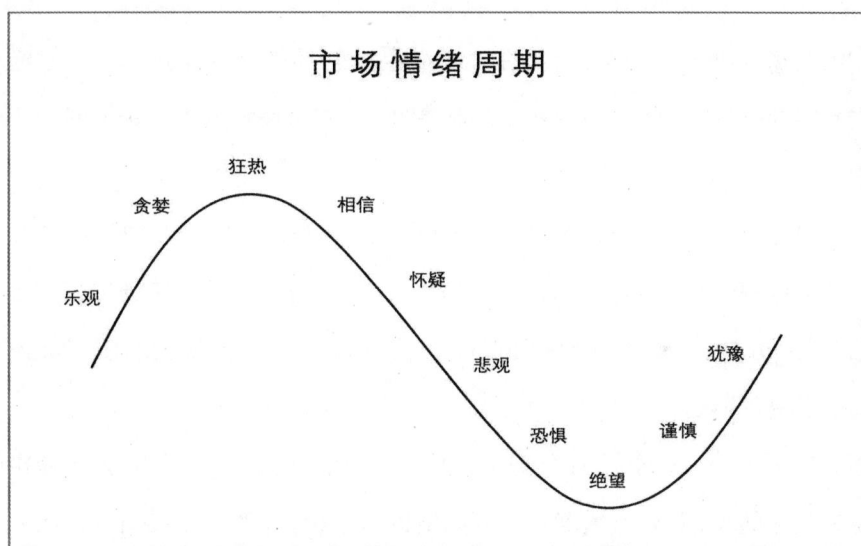

市场情绪周期

乐观 贪婪 狂热 相信 怀疑 悲观 恐惧 绝望 谨慎 犹豫

股市这几天跌了一些,但是没有人相信行情结束了,市场上并没有像样的利空消息,人们相信向上的趋势没有变,这应该只是一次调整,千金难买牛回头,股评家也告诉大家不要怕,这是一次绝好的加仓机会。

股市继续下跌,而且越跌越猛,很多人开始怀疑这次牛市结束了,越来越多的人加入卖股票的队伍,市场开始踩踏,市场上陆续传来不好的消息,不少人亏了钱,开始后悔当时的追涨买入,并下定决心一旦市场反弹,解套后会毫不犹豫地卖出,从此再不踏入股市半步。

市场并没有反弹，而是继续下跌，股评家也已经不再鼓吹牛市，而是劝大家如果前面没有及时卖出，现在已经不急于卖出了，市场差不多已经见底了。市场处于一片悲观中，很多人已经不想打开账户了，这个浮亏已经到了他们可以承受的极限，他们愿意相信底部已经出现了，牙打掉了咽到肚子里，他们相信这是一次长期投资，他们需要的就是咬牙渡过难关。

市场经过短暂调整，仍然是"跌跌不休"，仿佛深不见底。没有什么好消息，市场寂静得可怕，再也没有人谈论股市，唯有恐惧围绕在身边，市场仿佛在寻找最后的抵抗者，然后给他们最后一击。再坚持唯有血本无归，果断卖出，再也不看了。

市场仍然处于绝望中，开始在底部盘整，没有任何复苏的迹象，但是绝望是与希望并存的，当别人恐惧的时候我贪婪，一些价值投资者开始不断地买入股票。

时间过去了很久，曾经惨烈的大跌逐渐被慢慢忘却，时不时有好消息传来，企业的财报开始好于市场预期，有少数投资者开始看好市场，市场慢慢复苏。在温和的上涨中，有些人开始关注股市，但是他们总体持谨慎态度，趋势还不明显，需要继续确认。

股市又涨了一段时间，在犹豫中，越来越多的人开始看好股市，进入股市的资金也越来越多，在网上搜索牛市的词条也越来越多。股评家们又开始活跃起来，纷纷开始谈论股票这个话题。于是街头巷尾、餐厅、咖啡馆逐渐又开始有人谈论股票了。情绪面又进入下一个周期，从此循环往复，连绵不绝。

市场情绪随着股市的走势而变化，这种变化反过来也会强化股市的走势，股市的走势再反过来强化市场情绪，于是情绪和市场在互相强化下逐渐走向极端。市场在走向极端的过程，也是积蓄能量的过程，当市场达到最高点时，用尽了最后一点向上的动能，同时积蓄的向下的势能达到最大值，市场开始回归理性，势能开始转化为向下的动能。涨得太多是下跌的原因，下跌太狠是上涨的理由，脱离基本面的过程就是积蓄能量的过程，而情绪就是激励市场脱离基本面的外力，就像荡秋千一样，情绪就是一次次把秋千推向高点的推手。

请记住下面几句有用的话。

描述：行情是在绝望中产生，在犹豫中发展，然后在狂热中灭亡。

原因：情绪会强化走势，走势再强化情绪，形成一种正反馈，在正反馈中走向极端。

方法：别人贪婪的时候，我恐惧；别人恐惧的时候，我贪婪。

股指的市盈率是较好的观察情绪的指标，在市场狂热时，人们愿意为一元钱的盈利能力付出更高的价格，他们相信企业的盈利能力会大幅增长，股市会不断创出新高。而在市场绝望时，人们消极地为一元钱的盈利能力报出越来越低的价格，他们觉得企业会越来越差，经济也不景气，股市很有可能还会创出新低。从下图可以看到，沪深300在10年（2011—2021年）市盈率的变化。

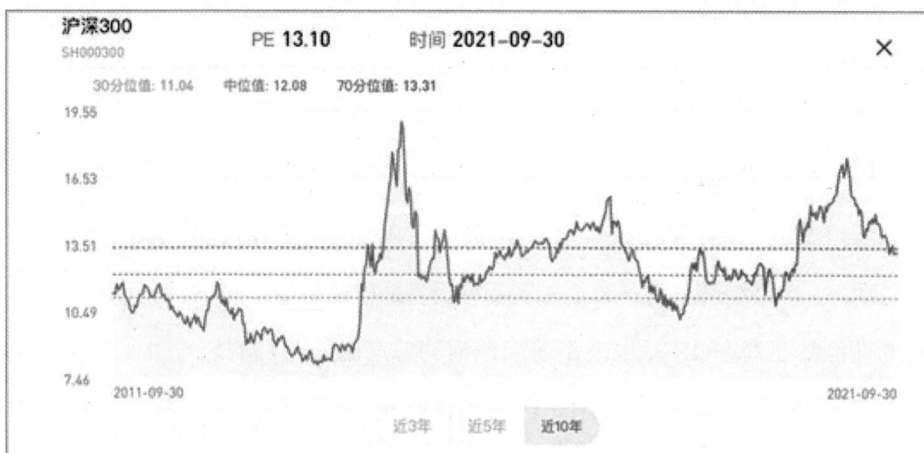

这种情绪变化并不仅仅体现在大盘指数上，在行业间表现得淋漓尽致。在A股市场上，贵为大白马的白酒行业也经历了几次大起大落，抛去2008年的金融危机不谈，在没有系统性风险的情况下，2012—2013年酒鬼酒的塑化剂事件，让贵州茅台的最大跌幅达到55%以上，当时市场一片悲观，年轻人不爱喝白酒，白酒行业仿佛没有了未来。最近的一次涨跌是2020年机构纷纷抱团白酒，白酒行业开启了轰轰烈烈的上涨，基金经理张坤因为重仓白酒，被奉为"酒神", 一时成为最耀眼的明星。2021年春节以后, 抱团股瓦解, 机构纷纷出逃, 贵州茅台从最高的2 600点一度跌到1 500多点, 跌幅达到40%以上, 而统计显示, 2021年上半年A股白酒上市公司的营业收入和净利润同比均上涨20%以上, 从乐观到悲观没有任何预兆, 下跌的理由仅仅是因为前期涨得太高。

最后我们做总结, 把周期分为三面: 基本面、资金面、情绪面。经济周期和企业盈利周期属于基本面, 货币松紧周期属于资金面, 投资者心理周期构成了情绪面, 基本面、资金面和情绪面, 三面并不是独立存在的, 它们之间存在相互作用, 正是这种相互作用, 把行情推向极端, 又把行情从极端带向另一个极端。

市场是极其复杂的, 周期的规律也并不像四季那样分明, 我们很难精确地预测未来究竟会发生什么, 但市场极端总是相对容易判断的。在投资中, 模糊的正确比精确的错误更有意义, 掌握周期里的财富密码, 在别人贪婪时我恐惧, 在别人恐惧时我贪婪, 在面对极端行情时, 保持清醒的头脑, 给自己一个果断的理由。

四、宏观调控

经济如同一辆行驶的车, 我们希望它在确保安全的前提下能尽量开快一些, 所以GDP是经济发展一直追求的目标。但是车速是受车辆的性能制约的, 车辆的性能就是潜在GDP, 也就是前面介绍的总产出能力(科技、资本、劳动力决定总产出的能力), 为了发挥出车辆的潜在性能, 让车辆开的尽量快一些, 就需要不断地刺激总需求, 刺激总需求最直接的方式就是货币宽松和政府购买。总需求的刺激是不是越大越好呢? 并不是, 经济过热或者说车速过快, 发动机可能会爆缸, 车辆也可能会失控。所以, 当经济有过热的迹象时, 就需要给经济降温, 我国采取盯住通胀的方式来稳定经济, 如果CPI过高, 就要出台调控政策为经济降温。

简单来说就是追求GDP, 同时控制CPI。

央行出台的调控政策叫作货币政策。货币政策调控的对象是货币总供应量，通过影响利率和信贷间接影响总需求。

　　央行有三大工具，分别是存款准备金制度、再贴现政策和公开市场业务。存款准备金制度是通过控制法定存款准备金的比率来改变货币乘数，从而影响商业银行在货币创造中的能力。这一工具影响巨大：一方面法定存款准备金率的变动具有很强的通告效应；另一方面，法定存款准备金率的微小变动确实可以较大程度地影响货币供应量，效果立竿见影。再贴现是指商业银行或其他金融机构将贴现所获得的未到期票据，向中央银行转让，所以，央行控制再贴现率就可以干预和影响市场利率和货币市场的供应，当提高再贴现率时，意味着商业银行向央行的借款成本提高了，从而产生了收缩信贷的效果。公开市场业务就是央行可以在公开市场上买卖公众手里的债券，当央行购买债券时，钱就注入市场上，当央行兜售债券时，钱就回到央行手里，公开市场操作更直接、更主动、更灵活。

　　财政部出台的调控政策叫作财政政策。财政政策是政府变动税收和财政支出影响总需求，从而影响GDP和就业的政策。

　　财政部有两大工具：一个是税收，另一个是支出。当经济萧条时，政府会调节税收，为企业和居民减少税负，从而增加企业投资和居民消费；同时政府还可以增加支出，通过铁路、公路、机场、水利等重大基础设施建设拉动需求。在经济过热时，政府为了控制通货膨胀，可以增加财政收入，减少政府购买，从而抑制总需求。

　　央行和财政部虽然关系不错，但它们并不是一家子，是不是一家子的一个最重要标志是它们的报表有没有合并，你的是我的，我的是你的，我们赚的钱放在一起，花钱也不分你我，这才是一家子。很显然他们的账都是分开的，央行关注的是大家是不是缺钱了，大家手里的钱有没有贬值。财政部既要考虑收入，又要考虑支出，它要面对各种花钱的需求，国防、基建、卫生、教育、地方经济，有些钱不得不花，但是税收又不能随便提高，没有钱就得发债，向老百姓借钱，借得太多还得考虑财政赤字。

货币有货币乘数,就是货币供给与基础货币的比率,央行发行的基础货币,会在商业银行系统中派生出数倍的派生货币,货币乘数就是一单位基础货币所产生的货币量。

其实,财政支出也同样有乘数效应,财政支出乘数是政府支出增加引起GDP的变化量与财政支出增加量之间的比率。简单来说就是政府多花了一元钱,可能会引起几元钱的GDP增加。

经济本质上是一种循环,当需求旺盛时,人们会积极地从事生产劳动,增加供给,在辛勤工作的同时,人们会赚到更多的钱,有了钱以后会增加消费,增加消费本质上就是增加需求,需求又拉动供给,供给又提高了收入,收入又带来更多的消费,消费又增加需求,从此形成一个正循环。但有时经济会出现问题,这种正循环会被打破,从而进入负循环,表现为需求不足导致供给被迫减少,供给减少就不需要那么多劳动力,造成社会失业,人们赚不到钱,就没有钱去消费,从而引起需求进一步疲软,需求疲软再引起供给继续减少,从此经济进入大萧条。宏观调控可以把经济从负循环强行拉入正循环,需求不足就刺激需求,只有货币运动起来,整个经济才能活络,从而往正循环方向运转。

第六章

企业是赚钱的机器

　　企业是赚钱的机器，我们买股票就是买企业的一部分，这台机器赚的钱也就有一部分属于我们。当这台机器分红时，我们有分红的权利，当这台机器越来越值钱时，我们还可以把持有的这台机器的股权卖给别人，从而获取机器增值的部分。

　　企业的价值就是它未来的赚钱能力。是的，我们更关心它未来的赚钱能力，它未来能够赚的所有钱的折现值就是这家企业的价值。它过去不赚钱没有关系，它现在不赚钱也没有关系，只要它未来能赚很多钱，那么它就具有价值，我们买股票归根结底买的是未来。

　　企业是有生命周期的，和人具有生命周期极其相似。在婴儿期，他的生命极其脆弱，他不仅不能赚钱，还得不断地喝奶粉，而且还可能会夭折，投资这样的企业就是天使投资，你付出的奶粉钱极有可能不会有任何收获，而一旦他长大成人，你也将获取巨大的回报。

　　在成长期，你发现他身体不错，读书也能名列前茅，看起来似乎他会有一个不错的未来，但是谁知道呢，他也可能会厌学，或者生一场大病，而且他需要不断地花钱读书，投资这样的企业就是风险投资，我们能看到他在同龄人中做得不错，至于他是否能成才、成事也要看天地造化。

　　在成熟期，他参加工作了，每个月都有工资收入，虽然赚得不多，但每年都能多少涨点儿工资。在成熟期的企业确定性最高，风险最小，你很容易就可以拿他的年收入进行估值，由于他的未来没有太大的想象空间，所以，你也不能指望未来获取太大的回报。

　　在衰退期，他所从事的工作属于夕阳行业了，钱越来越难赚，常年从事简单重复的劳动，让他只学会了这么一门手艺，以他现在的接受能力，要学新东西似乎太难了。处于衰退期的企业，价值会变得很小，即使他曾经辉煌过，也无济于事，因为投资看的是未来。

企业的生命周期和人的生命周期又有不同之处，花有重开日，人无少年时，人不可能从成熟期再回到成长期，但是企业可以。有的企业可以不断地更新迭代，推陈出新，通过完善的公司治理，适时的业务转型，完成生命的蜕变，从此基业长青，百年不衰。我们判断一家企业的生命阶段，不是看它"活"了有多久，而是看它的业务模式发展到什么阶段，它是代表的过去、现在，还是未来。如果这块业务，过去和现在不赚钱，未来能赚大钱，那么这块业务就是成长期；如果这块业务，现在赚钱，未来也赚钱，那么这块业务就是成熟期；如果这块业务现在赚钱，未来越来越不赚钱，那么这块业务就是衰退期。一家企业可能不止一块业务，我们需要对它最重要的那些业务进行综合评判。

企业的价值看的是未来的赚钱能力。所以一家看起来还在亏损的企业，可能比一家正在赚钱的企业更具有价值，如同一个还在花钱读书的高才生，比一个工薪人士更具有价值一样。在我们看到一家市盈率为负，或者市盈率很高的企业时，不要一棍子打死，它可能正是那个高才生，为负或很高的市盈率只能说明他现在还不怎么赚钱，但这种不赚钱可能是因为他还在花钱读书，他还没有进入赚钱的阶段，一旦他走向工作岗位，他的赚钱能力可能会瞬间爆发，让他的市盈率瞬间降到极低的水平。

既然企业的价值看的是未来的赚钱能力，是否还需要了解它的过去和现在呢？答案是当然需要，只有了解了一家企业的过去和现在，才能更好地预测它的未来。一是企业现在的业务可能就是未来的业务，企业在做的只是一些产品或流程的优化。二是企业未来的业务可能只是现在业务的扩张，比如企业打算从年产30万吨提升到年产50万吨。三是企业未来的业务可能是一块新业务，但是从企业现在的布局中，我们能做出合理的预判。无论如何，未来不是凭空而来的，春种一粒粟，秋收万颗子，我们对它的秋收有预期，是因为我们了解它的春种。

企业是赚钱的机器，了解这台机器是如何赚钱的，以及打算以后如何赚钱，是我们投资这个企业之前必须要搞清楚的事情。

一、企业是如何赚钱的

企业是赚钱的机器，企业是如何赚钱的呢？下图描述了企业赚钱的一般模式。

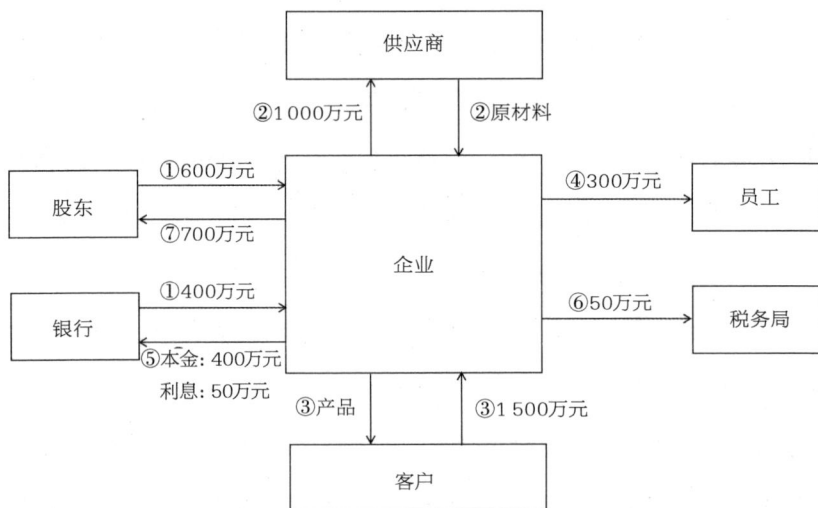

第一步：股东出资600万元，银行给企业贷款400万元；

第二步：企业用股东和银行提供的1 000万元向供应商购买了原材料；

第三步：企业把原材料加工成产品，卖给了客户，从客户那里收到了1 500万元；

第四步：企业给员工发放了300万元的工资；

第五步：企业偿还了银行本金400万元，支付了银行利息50万元；

第六步：企业向税务局上交了税款50万元；

第七步：企业把剩余的700万元归属股东所有。

钱就是企业这台机器运行的原料，喂进去1 000万元，它会吐出来1 500万元，这1 500万元如何分配有一个顺序，一般来说先支付员工工资，再向银行还本付息，再向税务局交付税款，剩下的归股东所有。

在真实的世界中，企业赚钱的方式要复杂得多，需要我们擦亮眼睛看清楚企业每一笔重大收入是怎么赚的。比如一家公司今年净利润增长了很多，但是可能这些钱并不来源于它的主营业务,可能是因为它卖了一个厂房,或者是它在炒股。主营业务赚的钱是可持续的,今年有,明年还能有,而靠炒股赚的钱,今年赚,明年就可能亏,它是不可持续的。上市公司炒股不是什么稀奇的事情,有的上市公司主营业务不怎么赚钱,业绩增长受困,就把心思用到炒股上,当然也不乏上市公司成为股神,某服装上市公司创始人称,炒股赚的钱卖服装30年都赚不到。但是几家欢喜几家愁,上市公司炒股赚钱的有,但亏钱的也不在少数,作为一家上市公司,还是要以主营业务为主,依靠自己的产品或服务为这个世界提供价值,我们投资一家公司,看的是它主营业务的赚钱能力,而不是指望它去割别人的韭菜。也有上市公司业绩屡屡下滑,为了扭亏为盈,甚至采取"借尸还魂"的套路,通过收、并购把其他主体的收入和利润装入自己体内,如果是为了业务协同还好,仅仅是为了起死回生,后续可能会反受其害。

我们投资一家企业,要看的是它的主营业务,要把它的主营业务是怎样赚钱分析清楚。企业是赚钱的机器,这台机器的结构和工作原理就是它的商业模式,商业模式就是公司通过什么途径或方式来赚钱。它是满足市场需求的一个系统,这个系统组织管理企业的各种资源,如资金资产、人力资源、知识产权、作业方式、品牌渠道等,为市场提供人无我有,人有我优的产品和服务。

企业是赚钱的机器,机器的价值在于它的有序,齿轮是怎么咬合的,动力是如何传递的,如何润滑,如何散热,如何保养和升级,它是一个系统性的工程。商业模式的价值也在于它的有序,它是如何采购的,它是如何生产的,它是如何营销的,它如何不断优化它的产品和流程,它也是一个系统性的工程。

作为一台赚钱的机器,第一,它一定是能创造价值的,它能解决现实的市场需求,这是它存在的意义。第二,它一定是在一张关系网中,它一定有上下游,它在这张关系网中的地位是怎样的,它如何维护和提升它的地位。第三,它的产品和服务是什么,谁是用户,谁是客户,谁是使用者,谁是买单者。第四,它的核心能力是什么,为什么它行,别人不行。最后市场空间有多大,如何复制裂变占领市场。

搞清楚企业这台赚钱机器的商业模式，搞清楚它的过去和现在，搞清楚它的未来将如何演化升级，对于我们的投资有重要意义，毕竟买股票就是买企业的一部分。

二、洞悉企业的三大报表

搞清楚一家企业是如何赚钱的非常重要，首先要做的就是把这家企业的报表认真读一读。

企业有非常多的业务和活动，即使董监高也不可能事无巨细地了解企业的一切，对于大公司尤其如此。即使能事无巨细地了解一家企业，也不一定有实际意义，如果陷入只见树木不见森林的陷阱，对于决策反而是弊大于利。

财务报表有一个很大的作用是为大家提供决策的依据。企业的管理者需要决策企业的运营和发展，投资者需要确定是否投资，银行需要确定是否给企业贷款，税务局需要确定税收。决策有用性是财报的基本性质，我们读财报时，关注的也是重大金额和有重大金额改变的项目。

企业其实只是在忙三件事：一是经营；二是投资；三是融资。经营就需要购买原材料、仓储、生产作业和销售；企业如果打算扩大再生产，或者引入新业务，就需要投资、建厂房、买设备；如果企业缺钱了，就需要融资，找银行贷款或者对外出让股份。会计要把这三件事记录清楚。

企业忙得热火朝天，但忙不是目的，忙的效果如何呢？是竹篮打水一场空，还是一分耕耘一分收获。所以，我们也关心三件事：一是企业的家底如何，有多少资产，有多少负债；二是企业赚钱吗？收入如何，成本如何；三是企业有钱吗？每年进账多少，出账多少。

我们关心的这三件事，就是三张财务报表，会计记的账就要整理编制成这三张财务报表。描述企业家底的叫作资产负债表，反映企业是否赚钱的叫作利润表，展现企业现金流的叫作现金流量表，见下图。

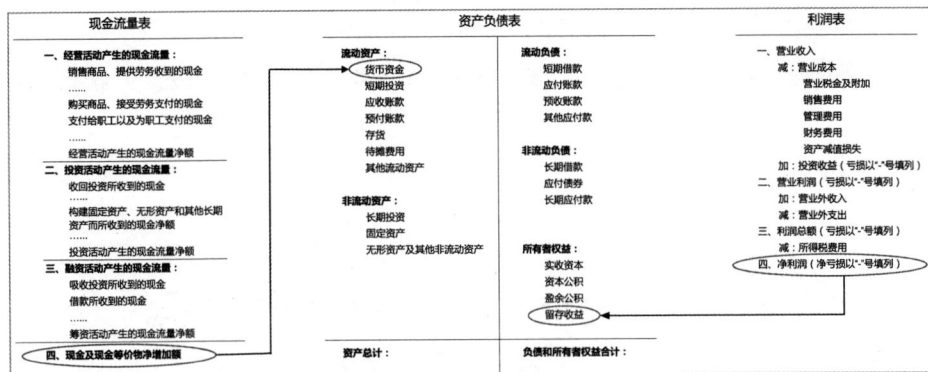

资产负债表体现的是一个时点数，相当于在某一刻为企业拍了一张照片，这张照片记录了在这一特定日期企业的资产、负债和所有者权益，以及它们分别以什么样的形式体现。资产负债表是一个平衡表，左边记录资产，右边记录负债和所有者权益，无论何时，总资产都等于总负债和所有者权益之和，资产负债表的左边永远等于右边。

资产是指由企业过去的交易或事项形成的、由企业拥有或者控制的、预期会给企业带来经济利益的资源。资产包括厂房设备、现金、存货这种实打实的财产，也包括某种可以用货币计价的权利，如应收账款和预付账款。应收账款是别人欠企业的钱，企业就拥有向欠钱者收钱的权利，这项权利预期可以为企业带来经济利益的流入。所以，应收账款是一项资产，预付账款也是一样的，它是企业向供应商获取货物的权利，钱付了，企业就有权向供应商收取货物。

资产分为流动资产和非流动资产。流动资产是指在一年内，或者一个营业周期内能变现的资产。流动性也分大小，流动性越大也就是变现越容易，货币资金本身就是钱，所以，货币资金的流动性最强，短期投资变现也比较容易，卖掉就可以变现，应收账款可能需要一两个月或三四个月才能变成现金，存货需要卖掉后形成应收账款然后再等几个月才能变成现金，在资产负债表上，资产是以流动性从大到小的顺序列示的，流动性大的放在上面，流动性小的放在下面。

负债是指企业过去的交易或者事项形成的，预期会导致经济利益流出企业的现时义务，欠债还钱，天经地义。负债也分为流动性负债和非流动性负债，流动性负债就是需要在一年内或者一个经营周期内偿还的负债。

所有者权益是指企业资产扣除负债后，由所有者享有的剩余权益，所以，所有者权益又称净资产。所有者权益的来源分为两大块：一是所有者投入的资本；二是企业历年的利润留存到企业的积累。

资产负债表体现的恒等式可以用以下两种方式解读。

资产=负债+所有者权益，资产负债表右边的负债和所有者权益可以理解为钱的来源，有些钱是股东投入的，有些钱是从银行借的，有些钱是欠供应商的，还有欠员工的。资产负债表的左边可以理解为这些钱变成了什么，有些变成了厂房设备，有些变成了知识产权，有些变成了存货，有些变成了应收账款，有些还是货币资金。资产负债表的左边是钱变成了什么，右边是钱的来源；资产负债表的左边是企业，它是赚钱的机器，右边是它的利益分享者，他们要从这台机器上去获取利益；资产负债表的左边是权利，是企业的权利，右边是义务，是企业对出资方的义务。

所有者权益=资产-负债，企业是谁的？从狭义来讲，企业是所有者的，是股东的，所以，很多人都说企业的目的是实现股东利益最大化。从广义来讲，企业是所有相关者的，资产负债表的右边，无论是银行、供应商，还是员工和股东，都希望能从企业身上分一杯羹。所以，企业经营得好坏，与他们的利益密切相关。只是这些好处谁先拿，谁后拿，怎么拿是有约定的，这些角色中，其他利益相关者和所有者有一个本质上的区别，其他利益相关者关键时刻可以无情无义，企业该给的钱还是得给的。所有者因为是最后一个拿钱的，所以，所有者权益又称剩余索取权，其他利益相关者按规矩拿钱，最后剩多剩少归股东所有，如果企业资不抵债，股东就可能一分钱都拿不到，股东是风险和收益的最终承担者。

股东投资一家企业，最终目的是赚钱，在赚钱前需要先搞清楚企业的钱都去了哪里，这些钱是否在被有效且合理地使用，企业欠谁的钱，欠了多少，什么时候还。

利润表体现的是一个期间数，从利润表中可以看出在这一会计期间内企业赚了多少钱，这里也有一个等式，利润=收入−费用。利润表从上到下就是一个加加减减的过程，加的是收入，减的是费用，最后留下的净值是利润，现在就开始我们的加加减减之旅。

利润表的第一项是营业收入，营业收入是我们的销售净额，营业成本是与营业收入直接相关的成本，什么是直接相关？如果我们销售的是一件产品，那么与这件产品直接相关的成本就是营业成本，它包括采购的原材料成本、自然损耗、生产加工产生的直接费用、直接从事产品生产的工人工资等。由于营业成本与营业收入是直接相关的，它们之间有紧密的匹配关系，犹如一枚硬币的两面，所以，营业收入与营业成本需要同时确认。营业收入减去营业成本就是毛利。

然后需要扣减营业税金及附加，顾名思义，营业税金和营业有关，只要开门做业务，就得交税，它是一种流转税。

除了税之外，还有销售费用、管理费用和财务费用，销售费用是指广告费和销售人员工资等在销售产品过程中产生的费用，管理费用是指管理人员的工资和一些与管理环节相关的费用，财务费用是指借款的利息支出。

再扣除资产减值损失，加上投资收益，就得到营业利润，营业利润是企业利润的主要来源。

次要来源是指除营业外，包括营业外收入和营业外支出。营业外收入主要包括企业合并损益、盘盈利得、因债权人原因确实无法支付的应付款项、政府补助、教育费附加返还款、罚款收入、捐赠利得等。营业外支出主要包括非流动资产处置损失、非货币性资产交换损失、债务重组损失、公益性捐赠支出、非常损失、盘亏损失等。营业外的东西和企业的经营活动没什么关系，也都不太可靠。

营业利润+营业外收入−营业外支出=利润总额，利润总额再扣除所得税费用，就得到净利润。净利润是我们想要的最终经营成果，它是最终留存于企业，归属于股东的东西。

企业是赚钱的机器，当然要关注利润表，它可以告诉我们企业赚了多少钱，这些钱是从哪里赚的。但是利润表有两个问题：一是净利润很容易被操控，一家企业收入看起来很多，但是七扣八扣，走到净利润这一步也就所剩无几了，在七扣八扣的漫长过程中，很多环节是有问题的，这些问题甚至很多都是在会计允许的范围内。所以，净利润在一定范围内可以被做高，也可以被做低，而且这个范围可能很大；二是利润表里的收入不一定是真的收到了钱。收入的确认并不是使用的收付实现制，而是使用的权责发生制，货物交割或服务完成，并且预期将来大概率可以收到钱，企业就可以确认收入了。比如，我卖一批货给你，你收到货的同时，意味着这批货的控制权发生了转移，此后货被烧了还是淹了与我没有任何关系，这时在我的账上就可以确认收入了，虽然此时你还并没有支付我货款，只要我确信你未来大概率会给我即可。可以发现，权责发生制在确认收入之时有其合理性，也有其局限性，钱这个事情太重要了，企业是为了赚钱，而不是赚个账面繁荣。

钱是企业体内流淌的血液，纵使你头脑发达，四肢强健，没有血液也会死亡，钱就是企业的生命线。血液是在流动中产生价值的，钱也是如此，如果账上趴着大量货币资金而不流动，企业也无法具有生命力。现金重要，现金流也重要，所以，就有必要专门为现金流编制一张报表，这张报表就是现金流量表。

现金流有流入和流出两个方向，现金流入就是企业收到钱，现金流出就是企业付出了钱。除了两个方向之外，现金流还有三个渠道，这三个渠道对应的是企业的三种活动，经营活动、投资活动和融资活动。两个方向和三个渠道就会形成六根管子，三根进水管和三根出水管，它们是经营活动进水管、投资活动进水管、融资活动进水管、经营活动出水管、投资活动出水管和融资活动出水管。现金流量表就是记录的在一个时期内，通过这六根管子流过的现金情况，见下图。

经营活动流入：销售、税金返还 ……		经营活动流出：采购、工资、支付税金 ……
投资活动流入：处置长期资产、投资收益 ……	**企业** 货币资金	投资活动流出：构建长期资产、投资 ……
融资活动流入：发股发债、借款 ……		融资活动流出：还本付息、对外分红 ……

如果企业流入的现金少，流出的现金多，则企业内部的货币资金会逐渐减少，长此以往，有可能出现现金流断裂，这时需要做的就是增加现金的流入，或者减少现金的流出。如果企业流入的现金多，流出的现金少，则企业内部的货币资金会逐渐增加，但是货币资金并不是越多越好，而是够用就好。

现金流量表除了告诉我们企业资产负债表上货币资金的增减情况之外，还能告诉我们增减的原因，钱主要是从哪个管子流进来的，为什么流入得少了，钱主要是从哪个管子流出去的，钱去了哪里？

企业是赚钱的机器，从赚钱的角度讲，经营活动是一家企业的核心，如果经营活动的流入小于经营活动的流出，就意味着企业销售产品收到的钱不足以养活整个团队，这是自身造血能力不足的体现，自己造的血不够就需要依靠别人来输血。很多科创企业早期就是这种情况，虽然自身的业务还没发展起来，但是前景广阔，如京东和特斯拉，都经历过这一阶段，长达十几年不盈利，都是在依靠投资人为企业不断地输血。但无论现金流目前是一种什么样的形态，其目的都是扩大经营活动的能力，使企业逐渐具备自身造血的功能，京东和特斯拉长达十几年的烧钱模式可以持续，也是因为投资人都有一个美好的愿景，那就是京东和特斯拉最终会成为一个伟大的、赚钱的企业。

企业走向成熟以后，经营活动的流入都大于经营活动的流出，不仅能完成自我造血，还能成为一个现金奶牛。比如格力电器，每年都能赚到大量的现金，然后从中拿出很大一部分给股东们分红。

不同的企业处于不同的发展阶段，在成长期，尽管经营活动不赚钱，可是投资活动还是需要不断地花钱，这本身就是一个越不赚钱越要花钱的阶段；在成熟期，经营活动很赚钱，可是企业却不一定会有很好的投资方向，钱留在企业无法发挥它的价值，只能分红分给股东。现金流的形态只要符合企业的生存和发展即可，并无好坏之分。但是幸福的企业，各有各的幸福，不幸的企业都一样，那就是不得不花钱时，却无钱可花，企业入不敷出时，却融不到资。当然，也有些企业的不幸是自己造成的，它们借了大量的有息债务，把现金流用到了极致，虽然它们具备不错的造血能力，但是每个月还本付息如抽血一般，钱刚流进来还没捂热，就立刻进了银行等债权人的口袋，如同一个普通工薪人士，花巨额贷款买了一个豪宅，每个月的工资收入几乎全部用来还贷了。这样的企业如果遇到风吹草动，业务受到冲击，很容易因为资金链断裂而经营不下去。

这三张报表之间的钩稽关系如下：利润表和现金流量表都与资产负债表有一定的钩稽关系，资产负债表是一个时点数，展示某一日期的财务状态。在这张状态表上，我们最关心的东西有两项：一个是留存收益；另一个是货币资金。留存收益的变动来源于利润表的净利润，货币资金的变动来源于现金流量表的现金流净额。我们投资一家企业，就是投资它的赚钱能力，或者说它未来的赚钱能力，读利润表是为了分析它是怎样赚钱的，然后对它未来的赚钱能力形成合理的预期。关心货币资金是因为钱是企业的生命线，决定着企业能否经营下去，这是基于风险视角考虑的。

财报的原则是反映经营实质，目的是提供决策依据。读财报是为了在脑海中形成一种活灵活现的企业经营状况，然后通过沙盘推演对企业的未来形成预期，从而指导我们的投资决策。

三、财务分析的三板斧

真正打开一家企业报表时，密密麻麻的财务数字让我们顿时感觉头大，这些数字究竟是大了还是小了，它意味着什么呢？

相传，程咬金在做梦时学会了三板斧，这三板斧虽然简单，却非常管用。在财务分析中也有三板斧，它们也很简单，却非常实用。

　　第一板斧：结构分析。单纯一个数字，我们很难看出所以然来，数字在比较中才有意义，人天生对数字不敏感，但是对百分比却十分敏感，所以，第一板斧就是把所有数字都转化为百分数。具体怎么转化呢？

　　对于资产负债表来说，最大的一个数字是总资产，把所有的数字都和总资产对比一下，看看各个项目相对于总资产的占比情况。从中可以看到，流动资产占比为45.1%，非流动资产占比为54.9%，流动资产中最大的为货币资金，占比为15.3%，其次为应收账款，占比为13%；负债主要为流动负债，占比为43.8%，非流动负债只有8.8%，在流动负债中主要为短期借款，占比为34.7%；所有者权益占比为47.4%，其中留存收益为18.6%。当具体数字转化为百分比后，可以更直观地了解到资产负债表的结构，见下表。

资　　产	金额（万元）	百分比（%）	负　　债	金额（万元）	百分比（%）
流动资产：	8 046	45.1	流动负债：	7 814	43.8
货币资金	2 730	15.3	短期借款	6 190	34.7
短期投资	892	5.0	应付账款	1 392	7.8
应收账款	2 319	13.0	预收账款		
预付账款	357	2.0	其他应付款	232	1.3
存货	1 195	6.7			
待摊费用	375	2.1	非流动负债：	1 570	8.8
其他流动资产	178	1.0	长期借款	1 231	6.9
			应付债券	196	1.1
			长期应付款	143	0.8
非流动资产：	9 794	54.9			
长期投资	785	4.4	所有者权益	金额（万元）	百分比（%）
固定资产	8 010	44.9	所有者权益：	8 456	47.4
无形资产及其他非流动资产	999	5.6	实收资本	1 695	9.5
			资本公积	2 391	13.4
			盈余公积	1 053	5.9
			留存收益	3 318	18.6
资产总计：	17 840	100.0	负债和所有者权益合计：	17 840	100.0

对于利润表来说，最大的一个数字是营业收入，把利润表中的所有数字都和营业收入对比，就能知道各个项目在收入中的占比情况。从中可以看到，营业成本占比为64.3%，所以，毛利率就是35.7%；三费（销售费用、管理费用、财务费用）分别为5.7%、7.2%和2.3%，共计占比15.2%；最终加加减减得到的净利润为10.8%（见下表）。同样，当具体数字转化为百分比后，我们可以更清楚地了解到利润表的结构，可以直观地感受到从收入到利润是怎样一步一步加加减减的，哪一个项目是侵蚀利润的最大"元凶"。

项　　目	金额（万元）	百分比（%）
一、营业收入	38 763	100.0
减: 营业成本	24 925	64.3
营业税金及附加	2 597	6.7
销售费用	2 209	5.7
管理费用	2 791	7.2
财务费用	892	2.3
资产减值损失	426	1.1
加: 投资收益（亏损以"–"号填列）	155	0.4
二、营业利润（亏损以"–"号填列）	5 078	13.1
加: 营业外收入	116	0.3
减: 营业外支出	0	0.0
三、利润总额（亏损以"–"号填列）	5 194	13.4
减: 所得税费用	1 008	2.6
四、净利润（净亏损以"–"号填列）	4 186	10.8

第二板斧: 趋势分析。资产负债表和利润表里的数字都转化为百分比，可以直观地感受到它们在整个结构中的占比，这一步是和自己比。我们觉得还不够，既然比较有如此大的意义，那就要尽量多比较一下，这次我们选择的是和自己的过去比，和自己的过去比就是趋势分析，就能知道我们是变好了，还是变差了，是哪些地方变好了，还是哪些地方变差了。

和自己的过去比有两种比法：一种比法是把结构分析和趋势分析相结合，我们看一看2020年和2021年在结构上有什么变化，比如营业成本去年为66.4%，今年降到64.3%，说明营业成本在结构上得到优化；另一种比法是看今年比去年在绝对数值上增长了百分之多少，比如，2020年营业收入为31 509万元，2021年营业收入为38 763万元，2021年相对于2020年营业收入增长了23%，很明显这个增长率是相当优秀的，再看净利润，从2 552万元增长到4 186万元，增长率为64%，净利润的增长非常惊艳，见下表。

项　　目	2020 年	2020 年	2021 年	2021 年	2020—2021 年增长率
一、营业收入	31 509	100.0%	38 763	100.0%	23.0%
减：营业成本	20 922	66.4%	24 925	64.3%	19.1%
营业税金及附加	2 174	6.9%	2 597	6.7%	19.5%
销售费用	1 828	5.8%	2 209	5.7%	20.9%
管理费用	2 363	7.5%	2 791	7.2%	18.1%
财务费用	788	2.5%	892	2.3%	13.2%
资产减值损失	0	0.0%	426	1.1%	
加：投资收益(亏损以"-"号填列)	0	0.0%	155	0.4%	
二、营业利润(亏损以"-"号填列)	3 434	10.9%	5 078	13.1%	47.9%
加：营业外收入	0	0.0%	116	0.3%	
减：营业外支出	0	0.0%	0	0.0%	
三、利润总额(亏损以"-"号填列)	3 434	10.9%	5 194	13.4%	51.2%
减：所得税费用	882	2.8%	1 008	2.6%	14.2%
四、净利润(净亏损以"-"号填列)	2 552	8.1%	4 186	10.8%	64.0%

　　和自己的过去比，还有一个好处，忆往昔，看今朝，还可以展望未来，趋势往往存在惯性，既然营业收入今年比去年增长了23%，那么，基本上可以预见明年比今年大概率还有可观的增长。

　　第三板斧：行业对比。我们选择和行业里的竞争对手比一比。和行业里的竞争对手比，往往不太能比较绝对数值，我们更侧重的是结构上的对比，如果我们的营业成本为64.3%，而竞争对手的营业成本为62%，说明竞争对手在营业成本上比我们控制得更好。当然，在行业对比中，选择和谁比是一件特别重要的事情。首先，我们要尽量选择业务相似的，在业务上要可比；其次，我们要选择优秀的和成熟的,只有和优秀的对比才有意义。

和自己比,和过去比,和同行比,这就是财务分析中的三板斧。没有对比就没有伤害,可见对比的"杀伤力"有多大,在对比中,可以看到差距,可以看到趋势,也可以看到空间。

四、把脉企业的三大能力

企业有三大能力是投资者比较关注的,这三大能力是盈利能力、运营能力和偿债能力。

企业怎样算是赚钱呢?这个问题比较抽象,我们把它具体化一些,下表中的两家公司,你认为那家更赚钱,是A公司,还是B公司。请记住你的答案和理由。

A 公司					
资产负债表				利润表	
总资产	100	总负债	70	营业收入	50
		所有者权益	30	净利润	10

B 公司					
资产负债表				利润表	
总资产	100	总负债	40	营业收入	200
		所有者权益	60	净利润	20

为了说明哪家公司更赚钱,需要引入一些和盈利有关的指标。

毛利率,是毛利与营业收入的比值,其中,毛利是营业收入和与营业收入相对应的营业成本之间的差额(毛利率是一个重要的盈利指标,但是它不在A公司和B公司的讨论范围)。

净利率,是净利润与营业收入的百分比。净利润是从营业收入开始,加加减减,一路损耗,最后留给企业,归属于股东的部分,净利润反映企业最终的经营成果。通过计算,A公司的净利率为20%,B公司的净利率为10%。

总资产收益率(Return on Total Assets, ROA),它是净利润与总资产的比值。通过计算，A公司的总资产收益率为10%，B公司的总资产收益率为20%。

净资产收益率（Return on Equity，ROE），它是净利润与所有者权益的比值。通过计算，A公司的净资产收益率为33.3%，B公司的净资产收益率为33.3%。

从净利率来看，A公司比B公司更赚钱；从总资产收益率来看，B公司比A公司更赚钱；从净资产收益率来看，A公司和B公司一样赚钱。究竟哪家公司更赚钱呢？

赚钱是个复杂的话题，答案是什么也并不重要，重要的是分析的过程，以及我们更喜欢哪种类型的企业。为什么用不同的指标得出的结论不同，哪里出了问题。

公司是赚钱的机器，A公司和B公司这两台机器的总资产都是100，但是A公司只产生了50的营业收入，而B公司却产生了200的营业收入，这说明B公司比A公司效率更高。但是A公司50的营业收入，可以产生10的净利润，相当于每一单位营业收入可以产生0.2的净利润，B公司200的营业收入，却只产生了20的净利润，相当于每一单位营业收入只能产生0.1的净利润，这说明A公司比B公司效益更高。

这相当于A公司心灵手巧，搞出来的东西附加值高，但动作太慢，不出活儿；而B公司眼疾手快，虽然搞出来的东西附加值没那么高，但动作快，出活儿。以武器来形容，A公司更像狙击步枪，以精准著称，不浪费每一发子弹；B公司更像重型机枪，以威力闻名，依靠的就是火力压制。A公司属于高利润，低周转，是求精求质；B公司属于低利润，高周转，是求快求量。

既然量如此重要，就需要引入一个能够评估量的指标，这个指标就是周转率。

总资产周转率是营业收入与总资产的比值。除了总资产周转率外，还有应收账款周转率、存货周转率和固定资产周转率等，这些周转率不在我们的讨论范围,有兴趣的读者可以自行找资料学习。

周转率是个比率,似乎评估的是速度,那么它是怎样评估量的呢?其实速度就是量,量就是速度,速度是相对的,量大量小也是相对的,既然是相对的,就需要有个参照,这个参照就是总资产。通过计算,A公司的周转率为0.5,B公司的周转率为2,可以理解为B比A效率高,B比A快,也可以理解为B产生的量是自身的2倍,而A产生的量只是自身的0.5倍,B比A产生的量大。

接下来神奇的事情发生了,通过下面公式的演化,总资产收益率可分解成净利率和总资产周转率的乘积。总资产收益率指标既包含效益,又包含效率,既包含利润的质,又包含周转的量。

$$总资产收益率 = \frac{净利润}{总资产} = \frac{净利润}{营业收入} \times \frac{营业收入}{总资产} = 净利率 \times 总资产周转率$$

总资产收益率的高低直接反映了公司资产的赚钱能力,它也是公司决定是否应举债经营的重要依据,当总资产收益率(息税前)大于债务利息率时,利用负债筹资就能带来正的效应。

总资产收益率是站在整个公司角度看的,而净资产收益率是站在股东角度看的,净资产收益率反映了股东权益的收益水平,是衡量公司运用自有资本(股东投入资本)的效率。净资产收益率通过下面的公式演化,可分解成净利润、总资产周转率和权益乘数的乘积。权益乘数是总资产和净资产的比值,权益乘数越大,表明股东投入企业的资本占总资产的比重越小,企业负债的程度就越高,我们经常把借债投资称为加杠杆,所以,我也习惯于把权益乘数理解为杠杆率,杠杆的作用就是放大收益或亏损,杠杆是一把"双刃剑",用好了杀敌一千,用不好自损八百。通过计算得知,A公司的杠杆率为3.33,B公司的杠杆率为1.67,A公司承担了更多的负债,用了更高的杠杆率。

$$净资产收益率 = \frac{净利润}{净资产} = \frac{净利润}{营业收入} \times \frac{营业收入}{总资产} \times \frac{总资产}{净资产} = 净利率 \times$$

总资产周转率×权益乘数

从上面的公式看，净资产收益率就等于三个部分的乘积，但是上式的目的不是计算净资产收益率，净资产收益率非常容易算出来，用净利润除以净资产即可，这个公式的作用是什么呢？这个公式非常有用，即杜邦三分法。为了便于理解，式中的等号可以翻译成"分解为"，也就是净资产收益率可分解为三个部分的乘积，这三个部分不是为了得出净资产收益率，而是为了解释净资产收益率的来源。净利率代表的是盈利能力，总资产周转率代表的是运营能力，而权益乘数代表的是杠杆率，净资产收益率就来源于这三个因素，提升任何一个都可以提升净资产收益率，但是这三个因素之间又有关联，如果是以牺牲某一因素为代价去提升另一个，那么这不属于能力的提升，而仅仅是一种权衡。

在案例中，A公司和B公司的净资产收益率一样，但是它们的分解却不同，A公司的净资产收益率最终可以分解为0.2×0.5×3.33，B公司的净资产收益率最终可以分解为0.1×2×1.67。从这个分解可以看出，A公司的盈利能力强，但运营能力弱，并且用了较高的杠杆；而B公司的盈利能力弱，但运营能力强，而且杠杆较低。

对于投资者来说，净资产收益率是一个非常重要的赚钱指标，我们既要关注它的大小，还要学会用杜邦三分法去解读它的来源。而且在两家公司的对比中，这个方法尤其重要，既可以看出哪家公司的净资产收益率高，也能知道为什么会这样。

净利率和净资产收益率都是很重要的赚钱指标，只是它们的视角有所不同，它们的区别在于净利率是根据产出看利润，而净资产收益率是根据投入看利润。净利率是利润表除以利润表，是流量比流量（利润表中的项目都是期间数，是流量），而净资产收益率是利润表除以资产负债表，是流量比存量（资产负债表中的项目都是时点数，是存量）。

在前面的讨论中，已经涉及了三大能力中的两个，盈利能力和运营能力，这两种能力都和赚钱能力有关。下面讨论偿债能力，这种能力主要和风险有关，偿债能力分为短期偿债能力和长期偿债能力。

短期偿债能力主要看流动比率和速动比率。流动比率是流动资产与流动负债的比值，这个比值越大，说明流动资产对流动负债的覆盖率越高，流动比率是拿短期资产去还短期债务，短期资产相对于短期负债越多，还债能力就越强。速动比率是流动资产扣除存货后与流动负债的比值。速动比率和流动比率的道理相同，只不过速动比率把变现较慢的存货给剔除了。

长期偿债能力主要看的是杠杆率，如果债台高筑，借债比例过高，那么，长期出现违约的可能性也就越大。

五、企业估值，好公司还需要好价格

如果分析完一家企业，对企业的财务状况（包括盈利能力、运营能力和债务情况等指标）都比较满意，是不是就可以买这家公司的股票了呢？很显然是不可以。

看财报只是投资的第一步，看财报的目的不仅是知道这家公司的现状，也是预测未来，毕竟投资投的是未来。

预测完未来，是不是就可以决定是否投资了呢？答案还是不可以。好公司还需要好价格，即使是最伟大的公司，也需要用合理的价格去买入。

买茅台是价值投资吗？买茅台不等于价值投资，以好价格买入茅台才是价值投资。为了判断是不是好价格，就需要对公司进行估值。

估值的方法有多种，对于普通投资者而言，能建立起估值的思维即可。估值从模型研究的角度来讲是一门技术，它有着非常严谨的逻辑推导，但是从实践的角度来讲是一门艺术，它不是简单的数据处理，而是融入了主观性。不同的人和不同的方法估出来的结果会有很大的差异，所以，对于估值要保留足够的安全边际。

有些人买股票，设的止盈点是涨20%或30%，对于价值投资来讲，这本身是非常可笑的一件事。如果通过估值去投资股票，估值的误差范围，更准确地说是安全边际都不止20%或30%。我个人的观点是，通过对一只股票的估值测算，如果没有翻倍的上涨空间，那么这只股票是不值得投资的。

估值方法可分为两类：绝对估值法和相对估值法。

投资本质上是用现在的现金流去购买未来的现金流。投资的核心是要对未来的现金流进行估值，绝对估值法用的是未来现金流折现的定价方法。现金流折现模型是一个非常完美的逻辑框架，但是它的弊端非常明显，我们很难预测一家公司未来的现金流。券商为上市公司做的研报中一般都会有未来三年的每股盈利预测，同一家上市公司，不同券商得出的预测结果也常常是五花八门。但是绝对估值法也并非毫无实际意义，如此完美的模型总是可以带给我们某些启发的。

凡是能产生未来现金流的东西都可以被估值，它的壳是什么并不重要，它可以是一家公司，可以是一个项目，也可以是一张债券，甚至是一个人。我们做一个小游戏，对自己做一个估值，看看自己值多少钱。绝对估值法有个假设，就是公司是永续经营的，没有破产的那天，假设你的生命是无限的，而且可以一直工作到永远，如果我们要求的年收益率是每年10%，我们会愿意出多少价格买你呢？

第一种情况：假如你每年净赚10万元，且这笔收入发生在期末。

$$你的价值 = \frac{你的净年收入}{我要求的年收益率} = \frac{10}{10\%} = 100$$

我会拿100万元的价格买你，假设市场定价是合理的，我的年收益率是10÷100=10%。这种情况下，你的价值今年值100万元，明年还是只值100万元，我的收益就来自你每年赚的钱。

第二种情况：假如你今年赚10万元，预计以后每年会多赚5%，因为你在成长，赚钱能力越来越强，这时我给你的估值就要高一些。

$$你的价值 = \frac{你今年的净收入}{我要求的年收益率 - 你的净收入年增长率} = \frac{10}{10\% - 5\%} = 200$$

我会拿200万元的价格买你，假设市场定价是合理的，我的年收益率=10÷200+5%=10%。这种情况下，你的价值今年为200万元，明年就值210万元了。所以我的收益就来自两个部分，一部分来自你赚的钱，另一部分来自你成长的钱。

可以得出这样的结论，假如市场上的价格一直是合理的，我们投资一家公司的收益就来源于公司赚的钱和公司成长的钱。假如市场上的价格不合理，而是被低估了，那么，我们投资一家公司的收益就来源于三个部分，它们是公司赚的钱，公司成长的钱和估值修复的钱。

这里蕴含着一些道理：一是现在公司赚的钱是有意义的，但是这部分钱在财报的明面上摆着，它大概率已经反映到公司的股价中；二是公司的成长也是有意义的，因为大家对于公司成长的预期不同，这部分钱不一定能真实地反映到公司的股价中，需要我们多做分析研究，练就火眼金睛，去挖掘这部分的价值；三是重新定价的钱来源于不同时期大家对市盈率高低的容忍程度不同，也可以理解为大家对市场的疯狂程度不同，它代表着一种市场情绪，当市场狂热时，如2007—2008年，上证指数平均市盈率超过60倍，而泡沫破灭以后，市盈率甚至跌到15倍以下（下面截图来源于乐咕乐股网）；四是股市不是零和博弈，这三部分只有重新定价的收益是零和博弈，希望前两部分收益能为你的长期持有增加信心，重新定价的收益能驱动你去寻找低估的廉价货。

虽然我们不太可能会在实际投资中用绝对估值法去估值，但是通过上面的讨论，能给我们一些思维上的启发也是很有价值的一件事儿。为了使上面的内容更完整，我们甚至提前提到了市盈率，如果对于市盈率的理解有困难，下面介绍的相对估值法会对市盈率有较为详细的解释。

相对估值法常用的比率为市盈率PE、市销率PS、市净率PB、EV/

EBITDA等。

　　下表中的A公司和B公司是我们在上一节中讨论过的案例，在上一节中我们讨论了这两家公司的赚钱能力，下面讨论你愿意花多少钱去收购这两家公司，收购的第一步是获得公司的价格，这个价格就是公司的市值。我们在讨论它们的赚钱能力时，习惯于拿它们赚的钱和资产负债表或利润表中的一些项目去比较，算出一个比率，单位营业收入的盈利能力就是净利率，单位总资产的盈利能力就是总资产收益率，单位净资产的盈利能力就是净资产收益率。我们在讨论公司的价格时，是不是也可以用类似的方式呢？答案是肯定的，如果拿公司的市值与公司的净利润比较，得出来的比率就是市盈率，可以解读为单位盈利能力的价格；如果拿公司的市值与公司的营业收入比较，得出的比率就是市销率，可以解读为单位营业收入的价格；如果拿公司的市值和公司的所有者权益（所有者权益也被称为净资产）比较，得出的比率就是市净率，可以解读为单位净资产的价格。

A 公司					
资产负债表				利润表	
总资产	100	总负债	70	营业收入	50
		所有者权益	30	净利润	10

B 公司					
资产负债表				利润表	
总资产	100	总负债	40	营业收入	200
		所有者权益	60	净利润	20

　　以A公司为例，假如A公司的市值为200元，那么它的市盈率为200÷10=20，市销率为200÷50=4，市净率为200÷30=6.67。

　　A公司的所有者权益为30元，它为什么可以卖200元呢？

　　企业是赚钱的机器，可以简单理解为30元是这台机器的原材料价值，而200元是这台机器的价值，机器的价值在于它的有序性，这种有序性会让它获得很大的溢价，这台机器越精密，效率越高，它的价值就越大。一台机器比一堆破铜烂铁更值钱是显而易见的，芯片其实就是沙子，不会有人怀疑芯片应该比沙子更贵。企业家其实就是企业这台机器的工程师,他的工作就是把资源通过有效的组织,让它发挥出比资源本身更有价值的效果。

企业的价值在于它的赚钱能力,所以,用赚钱能力去估值看起来非常合理。所以,在上面的三个比率中,名气最大的是市盈率,市盈率的适用范围也最为广泛。对于上市公司来说,股价和每股盈利的比值,与公司市值与净利润的比值是一回事儿,所以,计算市盈率也常常使用股价与每股盈利之比。

A公司的市盈率为20倍,可以解读为A公司1元的盈利能力卖20元,也可以解读为如果公司的盈利能力保持不变,收购A公司后需要20年才能回本。

下面有几个问题需要大家思考一下。

- 可不可以说高市盈率的公司被高估了呢?
- 买高市盈率股票的都是投机者?高市盈率都是炒起来的吗?
- 买低市盈率的股票等于价值投资吗?
- 很多保守的散户都有高市盈率恐惧症,甚至有的还是高股价恐惧症,30倍市盈率以上的股票不敢买,50元以上的股票不敢买,这种思维逻辑合理吗?

高低贵贱是比较出来的,所以,判断股价的高低也可以用比较的方式,这种比较的方式,就是相对估值法。相对估值法讲的不是市值比净利润,市盈率本身也不能称为相对估值法,所以,100倍的市盈率不能简单理解为公司被高估了,10倍的市盈率也不能简单理解为公司被低估了。那么相对估值法说的是谁比谁呢?

拿市盈率去和同行比,与去年、明年与后年比。A公司现在的市盈率是20倍,假如A公司所处行业的平均市盈率是30倍,那么A公司有可能被低估了,但是还需要继续分析其中的原因,即使同行业也有优等生和差生,也有成长期的企业和成熟期的企业,如果A公司增长潜力低于同行业,那么A公司市盈率低于同行业也是合理的。另外,同行业的市盈率也在波动,所以同行业也有现在的市盈率和历史平均市盈率两个可以比较的值,总之,多做比较会让我们获得更多的信息。

　　市盈率除了和行业比、和竞争对手比，还可以和去年比、明年比和后年比。因为市盈率是股价和每股盈利的比值，所以股价和每股盈利任何一个值的变化都会影响市盈率的变化，为了好比较，可以把价格锁定为现在的价格，用现在的价格除以去年、明年和后年的每股盈利。以A公司为例，采用市值与净利润的比值计算市盈率，假如去年的净利润是5元，今年是10元，明年是20元，后年是40元，后续进入行业平均增长速度阶段，目前A公司的市值是200元，那么经过计算，去年、今年、明年和后年的市盈率分别为40倍、20倍、10倍和5倍。假设认为这个行业20倍的市盈率是合理的，那么你认为A公司有多大的投资价值呢？

　　如果股价一直不涨，明年市盈率会变成10倍，A公司就会被低估，后年市盈率就会变为5倍，A公司会被极度低估。如果A公司还要保持20倍的市盈率，那么明年的市值就需要翻一番，后年的市值再翻一番，两年时间A公司的市值可以从200元涨到800元，A公司是不是太值得投资了？反过来讲，因为A公司现在处于高成长阶段，所以A公司现在20倍的市盈率是不合理的，如果认为年化收益率15.5%是合理的，那么A公司今年的市值为600元，然后用两年的时间以15.5%的年化收益率长到800元。如果今年的市值为600元，那么对于A公司来说，今年的合理市盈率是60倍。当我们知道A公司现在的市盈率是20倍时，我们就应该买。

　　在上面的分析过程中，其实做了两次估值，第一次用的是相对估值法。第一次估计出两年以后这家公司的合理市值为800元，采用的方式是用预测的后年的净利润乘以行业合理的市盈率，40×20=800。第二次用15.5%的合理年化收益率对800元折现，得到现在的合理市值600元。最后，得知现在A公司的市值只有200元时，我们决定买。

　　所以相对估值法的第一步就是预测未来的盈利；第二步是用未来的盈利乘以合理的行业市盈率倍数，对未来的市值进行估计；第三步是把未来的市值折现到今天；第四步是用今天的市值和计算出的合理市值进行比较，以判断是否有投资价值。

　　介绍完市盈率PE，再介绍另一个比较有用的指标PEG（PE/Growth），

PEG是市盈率与盈利增长率的比值。彼得·林奇说过，一家公司的股票如果定价合理，市盈率就应该和盈利增长率大体相等，即PEG=1是合理的估值，小于1为相对低估，大于1为相对高估。

举个例子，如果A公司的盈利增长率为每年20%，那么市盈率为20倍就比较合理，这时PEG正好等于1。PEG指标可以体现出公司的成长速度，具备一定的参考意义，但是PEG是不是等于1合理，就仁者见仁、智者见智了，不同时期和不同的风险偏好会得出不同的结论。而且一家公司的盈利增长率往往不稳定，很多公司的净利润存在阶跃，如今年盈利5 000万元，明年因为新产线投产净利润会突然暴增至5亿元，这类公司就需要我们老老实实用PE估值了，因为今年100倍的市盈率，明年就会突然变成10倍，这种情况只有对公司的业务足够了解才能给出合理的估值，也只有具备这样的能力，才能在股票投资中捕获大牛股。

市销率和市净率在实际应用中并不广泛。有人说在公司没有盈利或盈利为负（亏损）时只能用市销率和市净率，因为销售额和所有者权益肯定是正值，所以市销率和市净率肯定能求出来。我的观点是，一个值并不是能求出来就得有用，如果没有合适的可比对象，孤零零的一个值没有太多意义。市盈率比较好用，一是企业是因为盈利能力才有价值；二是市盈率有比较好的行业可比对象。一家企业可以现在亏损，但它的未来一定是具备盈利潜能的，因为企业存在研发支出、折旧、非经常性损益等，它未来两年的净利润可能是负的，但是仍然可以估计一个我们内心的净利润。比如，通过它的规划产能推测它未来的营业收入，再用它未来的营业收入乘以行业平均的净利率。估值不要太死板，太流于形式。

市净率在对金融机构估值上有一定的作用，如银行，因为金融机构的净资产都是钱，它是实打实的价值，如果银行的净资产是1 000亿元，而市值是700亿元，那么相当于用7角钱买到了1元钱，这是实打实的划算买卖。如果是一家轻资产公司，市净率可能非常高，用市净率估值没有意义。如果是一家制造业公司，市净率可能看上去不太高，如2倍或1.5倍，但是如果这家公司设备老旧，效率低下，在走下坡路，它的净资产就是一堆破铜烂铁，可能比它账面上的价值要小得多。

第七章

带你认识基金

普通人直接投资会面临一些问题。

一是不懂。大部分人根本不具备证券分析能力，A股有几千家公司，每天都在涨涨跌跌，普通人贸然进入市场，大概率会亏损。

二是没精力。大部分人都是上班族，即使你具备在证券市场上存活的能力，你可能也没有精力去做研究。收集信息、分析信息和做出投资决策需要消耗大量的精力，上班族应付日常工作已经疲惫不堪，对于投资往往分身乏术。

三是资金量太小。资金量太小时，投入产出比会很差，打理100万元和打理1万元在所耗精力上并没有本质区别，当资金太少时，自己投资不值得。另外，资金量太小时也无法做到分散，当手里只有一个鸡蛋时，不想放到一个篮子里也必须放到一个篮子里，如果钱不够，甚至一个篮子都放不起。

为了解决上面的这些问题，基金出现了。

你不懂投资，基金有专业的人；你没精力，基金有专职的人；你的资金量太小，但是大家一起凑份子，基金的钱就会很多。基金就是把大家的钱集中到一起，由一个专门的人管理。这个专门的人就是基金经理，他们是基金所有出资人一起雇用的管家。当然，天下没有免费的午餐，这个管家会收取一定比例的管理费作为酬劳。

这个管家会不会携款逃跑呢？

当然不会。不是说所有管家都是高风亮节，毕竟在钱面前，人性往往是脆弱的，可是对于基金来说，他们做不到携款而逃。给别人管钱是件大事，不是你想管就能管的，要管钱必须有资质。有了资质还不够，还要遵守规则，基金必须托管，托管人是银行，银行依据管家的指令进行清算和交割，保管基金资产，管家只能管钱，但不能碰钱，所以不存在监守自盗的问题。

所以，基金是普通人参与证券投资最好的方式。

一、专业的事，交给专业的人

以炒股为例，我们可以自己炒，也可以委托给专业的人替我们炒。如果我们足够专业，而且自信可以比基金经理做得更好，可以选择自己炒；如果我们不太懂资本市场，想找个专业的人替我们炒，就可以投资基金。炒股，我们选择发行股票的公司，而投资基金，我们选择的是替我们炒股的人。

公募基金的基金经理是一群什么样的人，简单给他们画张画像。他们大部分都是硕士或博士毕业，本科学历的基金经理极少，不超过5%。清华、北大、复旦、交通大学、人大、上财是产出基金经理较多的学校。2020年易方达的张坤由于重仓白酒，基金业绩突出，成为首个偏股型基金管理规模超过千亿的基金经理，张坤毕业于清华大学生物医学专业。最有名的公募一哥王亚伟也是毕业于清华大学。

简单列一下这些明星基金经理的学历，带给大家一个直观的感受。

张坤是清华大学硕士。

刘格崧是清华大学博士。

刘彦春是清华大学本科，北京大学硕士。

周应波是北京大学硕士。

王崇是北京大学博士。

谢治宇是复旦大学硕士。

劳杰男是复旦大学硕士。

董承非是上海交通大学硕士。

朱少醒是上海交通大学博士。

葛兰是清华大学本科，美国西北大学博士。

可以说名校高学历是基金经理的标配，而并不是说名校高学历就能走到基金经理的位置。名校高学历要走到基金经理这个金融圈资管领域的金字塔尖，也需要从初级的研究员做起，不断地学习升级，经过业绩上的重重考验，一级一级往上爬。

基金经理都是资质极高，而且经过千百次锤炼打造出来的精英。可是这还不够，为了能在这个残酷的资本战场上提高胜率，基金公司还为基金经理们配备了精良的装备，他们并不是单兵作战，他们背后有强大的投研团队。这是一支有组织、有纪律，而且单兵和团队能力都极强的特种部队，他们具有强大的信息网络，强大的分析能力，强大的决策能力，强大的风控体系。

可能很多人会说，基金跌起来也会跌得不像样子，没见他们这么能耐，毕竟很多时候投资基金也是亏的。是的，基金也会跌，有时回撤巨大，我也无意于神化基金管理人的能力，但是在整体市场上，在长年的博弈中，散户在基金面前往往亏得一塌糊涂。

股票市场是一个神奇的地方，在短期，在局部，一些散户可能赚了很多钱，基金看起来很迟钝。股市本身是一个不确定的市场，散户的基数又如此之大，肯定存在不少散户是有能力的，是幸运的，但是把所有散户群体作为一个整体来看，把所有基金也作为一个整体，在这两个整体的博弈中，散户太弱了，只能在短期，在局部产生一点点优势，而在整个战局中毫无还手之力。我们几乎每年都可以搜到这样的资讯文章，××基金大获丰收。

金融是一个专业，首先必须要承认我们与基金经理在能力上的差异。CFA（特许金融分析师）协会把金融分析师和基金经理称为专家，专家是什么意思呢？就是在这一领域服务的提供方和客户存在巨大的认知差异，如同医生和病人、律师和客户。但显然在A股市场上，我们并没有给予基金经理足够的敬畏，过度自信的大量散户拿着真金白银在证券市场上与基金正面叫板。

我们把基金称为中军，目的就是想告诉朋友们，如果我们承认自己只是普通人，就应该把我们的大部分钱都投资在基金中，专业的事交给专业的人去做，让基金做我们投资理财的中军。

二、形形色色的基金

基金的种类非常多，下面做一个简单的介绍。

　　基金按照投资对象的不同可分为货币基金、债券型基金、混合型基金、股票型基金。风险最小的是货币基金，风险最大的是股票型基金。

　　货币基金是投资于货币市场的基金。一般来说，投资期限在一年以内的金融市场被称为货币市场，货币基金是投资于货币市场的金融工具，如银行存款、大额存单、短期的债券和票据等。这些投资品种可较好地保障本金的安全，但收益也比较低。最常用的余额宝就是一只货币基金，它的管理人是天弘基金。

　　债券型基金是指以国债、金融债等固定收益类金融工具为主要投资对象的基金。按照证监会公布的《证券投资基金运作管理办法》，80%以上资产投资于债券的基金为债券型基金。债券型基金的收益高于货币基金，波动也要高于货币基金。

　　股票型基金是指投资于股票市场的基金。随着2015年股票型基金仓位新规的生效，股票型基金的股票仓位不能低于80%。股票型基金投资于股票的比例较高，所以风险也最高，长期收益也最大。

　　混合型基金是指投资于股票、债券及货币市场工具的基金，而且不符合债券型基金和股票型基金的分类标准。股票的仓位不足80%，债券的仓位也不足80%，混合型基金可以一只基金就做到多元化，比较灵活。根据股票、债券投资比例及投资策略的不同，混合型基金又可以分为偏股型基金、偏债型基金、配置型基金等多种类型。一般而言，混合型基金比股票型基金的风险要低，长期收益又高于债券基金。

　　基金按照投资策略的不同，可分为主动基金和被动基金。

　　被动基金一般是指指数基金。国内常见的股票指数为上证指数、沪深300、上证50等，国外的常见指数如标普500、纳斯达克100、日经225等。指数的背后是按某一规则挑的一篮子股票，指数就是反映这一篮子股票的价格水平和涨跌趋势的相对统计数。指数基金是以该指数的成分股为投资对象的投资基金，所以一只好的指数基金的业绩不是战胜指数，而是模拟指数，与指数越像越好，跟踪的误差越小越好。

除了标准指数基金之外，还有增强型指数基金。所谓增强型就是守正出奇，守正守的是指数，这是基金的基础目标，出奇要求基金经理根据市场情况和自己的经验模型，在一定范围内通过衍生工具、高抛低吸、打新等手段增厚基金的收益。

主动基金是以超越市场表现为目标的主动选股式基金。主动基金受基金经理人为影响的因素较强，体现了基金经理的投资哲学，基金经理需要对证券市场进行深入研究，主动选择股票和债券来构建自己的投资组合。

基金按募集方式不同，可分为公募基金和私募基金。

资金募集是非常敏感的，国家对于募资有着非常明确的规定，不符合这种规定会被认为是非法集资和诈骗。比如，张三说他的炒股能力很强，然后在各个论坛和QQ群里向大家集资炒股，承诺为大家带来丰厚回报，这种行为就是典型的非法集资。合法的资金募集方式只有公募基金和私募基金，而且对公募基金和私募基金有着严格的规定。

公募基金是指以公开方式向社会公众投资者募集资金并以证券为主要投资对象的证券投资基金。公募基金可以打广告，可通过大众传播的手段募集，要有资质，要接受监管，要按规定做信息披露。

私募基金是指以非公开方式向特定投资者募集资金并以特定目标为投资对象的投资基金。私募基金不能面向公众打广告，只能私下里找特定投资者去谈，而且募集对象的数量有限制。

简单来说，公募基金募集的对象是广大老百姓，采取广而告之的方式，大家只要下载理财App就可以直接购买。而私募基金募集的对象是特定的客户，这些客户有个名字叫合格投资者，对他们的资产和收入有明确的门槛要求，私募基金也只能私下里去找尊贵的客户们一一交流，而且私募基金的客户有名额限制。

基金按运作方式不同，可分为开放式基金和封闭式基金。

开放式基金又称为共同基金，是最常见的基金类型，这种基金规模不是固定的，投资者可以随时进入和退出，理论上开放式基金的寿命是无期限的，除非投资者人数太少或规模太小被清盘。而封闭式基金有固定的存续期，其间基金规模固定不变，投资者在存续期内不能向发行机构赎回基金份额，基金也不接受新的入股。

开放式基金由于可以随时进出，对于广大群众来说比较灵活，但是对于基金来说，就必须要预留一定比例的现金应对赎回，如果市场变化造成基民大额赎回，基金经理就只能被迫卖出股票，应对基民的赎回，基金大量抛售股票又会引发股市的进一步大跌，造成踩踏。在开放式基金中，基金经理的行为会受投资者行为的影响，但是开放式基金因其灵活性，依然是最受广大老百姓欢迎的基金模式。

封闭式基金由于基金规模固定，基金经理可以把精力全部用到投资上，不用担心后墙的倒塌。可是封闭式基金在存续期相当于关上了城门，里面的人出不来，外面的人也进不去，这种不灵活性让很多投资者非常反感，所以，封闭式基金的规模一直都不大，并不是十分受投资者青睐。

基金按交易场所不同，可以分为场外基金和场内基金。

这个场是指证券交易市场，场内就是股票市场，也就是二级市场，场外就是银行、证券公司的代销，基金公司的直销方式。

场内需要开股票账户，买卖基金和买卖股票是一样的，价格随供求关系实时变化，只不过我们买卖的不是一只股票，而是一个股票篮子。在这里，一个股票篮子和一篮子股票是有区别的，在医院门口有一些水果摊，为了满足客户送病人的需求，他们会把苹果、香蕉、葡萄打包成一个水果篮，这个水果篮的价格并不等于篮子里水果的价格总和，所以，一个水果篮和一篮子水果有同样的区别。在场内交易的就是水果篮，它间接上受篮子里水果价格的影响，但最直接的是受这个水果篮的供求关系的影响。而在场外交易，最终成交的价格取决于一篮子水果的收盘价的价格加总。

场外交易不是通过股票账户进行的，在各种理财App上就可以实现。场内交易的术语为买和卖，而场内交易的术语为申购和赎回。在场内我们交易的对手是张三李四，在交易的过程中基金的规模并没有发生变化。而在场外，我们交易的对手是基金的发行者，当我们申购基金份额时，基金规模就扩大了，当我们赎回基金份额时，基金的规模就变小了。

我们经常接触的基金一般为开放式基金，开放式基金一般都是场外基金，在理财App上申购和赎回即可。但也有例外，LOF基金，即上市型开放式基金，这种基金既可以在理财App上申购与赎回基金份额，也可以在证券账户上买卖该基金。不过场外申购的基金份额，想要场内交易，需要办理一定的转托管手续，同样场内买进的基金份额想要场外赎回也要办理一定的转托管手续。LOF由于存在场内、场外两个交易市场，场内买卖的是一股票篮子，场外申购赎回的是一篮子股票，一股票篮子和一篮子股票的价格并不相同，但是它们又的确是同样的东西，当场内交易价格与基金净值价格不同时，投资者就有套利的机会。很多LOF产品规模较小，散户们又无畏，很小的资金量就可以在场内市场博弈出高溢价，甚至溢价率达到50%~60%，但由于专业投资者较少和套利程序烦琐，目前市场上的套利交易并不多，但散户们在场内市场高溢价炒LOF的方式无疑是非理智和危险的，以高于净值的价格买入如同在刀尖上跳舞，高溢价终归会被明眼人刺破。

ETF基金又被称为交易所交易基金。ETF一般为指数基金，既可以在场内进行交易，也可以直接向基金公司进行申购赎回基金份额，只不过申购时需要用一篮子股票去换基金份额，而赎回时拿到的也是一篮子股票，而不是现金。ETF的申购和赎回有最小单位限制而且门槛很高，所以和普通投资者没有什么关系，如沪深300，估计很少有个人投资者能够按比例凑够这300只股票去换基金份额。由于ETF比较透明，套利机制比较完善，所以不存在明显的折价和溢价。ETF是很好的跟踪指数的基金，如果希望获得与指数同样的收益，可以选择ETF。

场外申购ETF的门槛很高，如果想在理财App上获取ETF的收益怎么办呢? 可以选择ETF联接基金,ETF联接基金是拿大部分资金投资于ETF基金的基金,简称目标ETF,ETF联接基金财产中,投资ETF的资金不得低于基金资产净值的90%,所以,投资ETF联接基金基本上也相当于投资了ETF。

三、开放式基金是普通投资者参与股市的最好方式

A股30多年过去了,散户在股市的浮沉中如一叶浮萍,看过繁华,归于冷清,一次次看似繁华,实则浮华,浮华散尽一场空。有人说股市其实是最公平的地方,每个人都在拿真金白银投票,股市的浮浮沉沉都是参与者们拿真金白银投出来的,所以,输了就是输了。在投资股票时如此随意,甚至不如在菜市场买一棵白菜用心,每一个人都在责怪股市的反复无常,可是这种反复无常自己何尝不是推波助澜者。

对于整个股市来说,长期肯定是上涨的,这是中国经济发展的必然反映。而对于普通人来说,直接投资股市大概率是输的一方,七亏二平一赚不是危言耸听。整体上涨,有输有赢,散户输了,那么赢的一定是机构投资者,开放式基金作为机构投资者的最大代表,肯定是最大的受益者。

2018年中国证券投资基金业协会发布了《公募基金20年专题报告》,从1998年首批股票型公募基金发行,到2017年底,偏股型公募基金的年化收益率为16.18%,远远跑赢各项指数,超出同期上证指数8.5%,投资者持有基金3年赚钱概率接近80%。2018年股票型和混合型等权益类基金短暂回撤,平均收益率分别为-25.5%和-14.23%。到2019年,权益类基金强力反弹,股票型基金和混合型基金平均收益率达到47.46%和32.16%。2020年,公募基金不跌反涨,继续高歌猛进,股票型基金平均收益率达到54.99%,混合偏股型基金平均收益率达到59.57%。

数据证明,对于普通投资者来说,炒股不如买基金。而开放式基金是老百姓参与股市的最好方式之一。

开放式基金可以随时申购赎回,非常灵活,对于上班族来说,现金流为每月

的工资收入,开放式基金也非常适合上班族做基金定投。

下表为截至2021年的数据,开放式基金数量达7 720只,管理规模近21万亿元,规模巨大,种类齐全,总有一款适合你,非常适合做资产配置。

类 别	封闭式基金	开放式基金	其中: 股票基金	其中: 混合基金	其中: 货币市场基金
基金数量 (只)	1 146	7 720	1 664	3 772	330
份额 (亿份)	27 017.52	178 372.12	14 881.48	38 709.60	94 050.99
净值 (亿元)	29 107.16	209 905.87	23 716.76	56 423.47	94 171.35

注: 表中"封闭式基金"包含申报为封闭动作和定期开放的基金。由于四舍五入的原因,可能存在分项之和不等于合计的情形。自2021年4月起,基金数量统计不含已向证监会报送清盘的基金。数据来源于中国证监会。

开放式基金寿命无限,可以追查的历史数据非常丰富,比较有利于投资者做出判断。

开放式基金App媒介成熟,基金信息透明,每日都会公布基金的资产净值。

开放式基金就是为投资者量身打造的理财方式,"受人之托、代客理财"是基金业的立业之本。公募基金优秀的历史业绩和高速增长的基金规模也在不断地为自己正名。

四、FOF,真正的"养基"专业户

当我们对股票的认知不够,不知道买什么股票时,可以选择买基金,买基金在一定程度上就是挑基金经理,投资开放式基金可能是普通老百姓参与股市最好的方式。可是基金产品也是琳琅满目,这么多基金公司,这么多基金产品,到底该买哪一只基金呢? 当买基金有障碍时,是不是就无解了呢? 答案是,如果我们连买基金都懒得研究,确实还有一条路,那就是买FOF。

FOF被称为基金中的基金(Fund of Funds, FOF),也被称为母基金。与开放式基金最大的区别在于母基金是以基金为投资标的,而开放式基金是以股票、债券等有价证券为投资标的。简言之，FOF就是投资基金的基金，是真正的养基专业户。把钱给"养基"专业户，让专业户替我们去"养基"也是一种不错的选择。

投资股票风险比较大，投资基金风险相对小很多，因为基金经理本身就是专业的，基金也会买很多股票，做到分散化配置。投资FOF风险会更小，因为FOF不会只买一只基金，它们通过对基金的筛选评估后，会买多只基金，于是又进行了一次分散化。一只股票风险很大，一只基金通过多只股票做一次分散化，一只FOF再通过多只基金再做一次分散化，FOF的波动势必要小很多。

基金经理择股能力较强，而FOF的掌舵人做资产配置的能力很强。FOF的掌舵人不用研究个股，而是在研究整个宏观环境，然后去调整股票和债券的比例，国内资产和国外资产的比例，不同板块证券的比例，然后在这些大类资产中去筛选优秀的基金。

甘蔗不会两头甜，FOF虽然是"养基"专业户，但是也有它的劣势。一是投资到FOF中的钱不会被全部拿去投资，而是会预留一部分钱应对赎回，而投资到基金中的钱，基金也不会全部拿去投资，基金也要预留一部分钱应对赎回。基金预留钱，FOF也要再次预留钱，就会导致资金的使用率降低。二是我们看起来FOF的费率甚至略低于基金，但是FOF收一次费用后，到基金那里仍然会再收取一次费用，所以，FOF存在双重收费的问题。

投资FOF是一种省心的投资方式，风险也会小一些，所以，FOF的长期收益率会略低于直接投资股票型基金，尤其是在牛市，FOF的收益会大打折扣。如果我们经过适当的培训学习，对整个市场和基金的挑选有相对充分的判断，完全不必过分谨慎，选择自己购买基金并长期持有可能是更好的一种方式。

无论如何，FOF为稳妥理财提供了一种非常好的方式，从长期来看，基本上也不会输给沪深300的收益水平。但是由于大家对FOF关注很少，FOF的整体规模在基金面前还不值得一提，大部分投资者都是选择直接购买基金，而不是购买FOF。

五、基金如何收费

购买基金首先分为认购和申购。基金认购是指投资者在开放式基金募集期间、基金尚未成立时购买基金份额的过程，一般认购期最长为一个月。而投资者在募集期结束后，申请购买基金份额的行为通常叫作基金的申购。

可以看出，只有新发基金才存在基金的认购，在认购期间内，投资者提交基金认购申请，到基金成立期间，认购金额一般可以享受活期收益。基金一般在募集结束后7个交易日内成立，成立后的下一个交易日即可查询对应的基金份额。基金成立后，就进入封闭建仓期，建仓期一般为三个月，在建仓期内投资者不可以对基金份额进行买卖。在封闭建仓期结束后，进入基金开放期，开放买入和卖出，在开放期的买入，被称为申购。由于基金认购存在封闭期，买卖受限，所以，认购费一般会比申购费略低，常见的认购费一般为1.2%，而申购费为1.5%。

新发基金毕竟是少数，常见的基金一般都是在开放期的基金，可以随时申购和赎回。申购基金常见的收费模式有两种：一种为前端收费，就是购买基金时一次性收取申购费，如1.5%。另一种方式为申购时不收取费用，按持有的时间收取销售服务费，如每年0.6%。第一种是最常见的方式，一般的基金都采用这种收费模式，这也是一种默认的收费模式。但是有的基金为了给投资者提供更多样的选择，会把基金分为A类和C类，基金名字后面有A或C的字母，很大可能是按收费方式不同划分的，有字母A的为前端收费，有字母C的为按销售服务费收费。

以一只截至目前非常优秀的基金"工银瑞信文体产业股票"为例，它也分为A类和C类，一只代码为001714，名称为"工银瑞信文体产业股票A"，一只代码为010687，名称为"工银瑞信文体产业股票C"。这两只基金的收费表格分别如下：

(一) 基金销售相关费用

以下费用在认购/申购/赎回基金过程中收取:

费用类型	份额 (S) 或金额 (M)/持有期限 (N)	收费方式/费率
申购费 (前收费)	$M<100$ 万元	1.50%
	100 万元 $\leq M<300$ 万元	1.00%
	300 万元 $\leq M<500$ 万元	0.80%
	500 万元 $\leq M$	1 000 元/笔
赎回费	$N<7$ 天	1.50%
	7 天 $\leq N<30$ 天	0.75%
	30 天 $\leq N<1$ 年	0.50%
	1 年 $\leq N<2$ 年	0.30%
	$N\geq 2$ 年	0.00%

(二) 基金运作相关费用

以下费用将从基金资产中扣除:

费用类别	收费方式/年费率
管理费	1.5%
托管费	0.25%

注:本基金交易证券、基金等产生的费用和税负,按实际发生额从基金资产扣除。

(一) 基金销售相关费用

以下费用在认购/申购/赎回基金过程中收取:

费用类型	份额 (S) 或金额 (M)/持有期限 (N)	收费方式/费率
赎回费	$N<7$ 天	1.50%
	7 天 $\leq N<30$ 天	0.50%
	$N\geq 30$ 天	0.00%

申购费

本基金 C 类份额不收取申购费。

(二) 基金运作相关费用

以下费用将从基金资产中扣除:

费用类别	收费方式/年费率
管理费	1.5%
托管费	0.25%
销售服务费	0.6%

注:本基金交易证券、基金等产生的费用和税负,按实际发生额从基金资产扣除。

前端收费模式,申购费的1.5%看似很高,但实际在基金销售中往往是打折的,如在蚂蚁财富App中申购,折扣率一般只收一折,如果申购费为1.5%,那么打折后只收0.15%。按申购费一折的折扣价为基础,算一下这两种收费模式的差别。

如果持有时间小于7天，那么A类前端收费模式需要付出0.15%的申购费和1.5%的赎回费，共1.65%，由于时间很短，管理费和托管费可忽略不计，而且管理费和托管费的费率两种方式相同，也不影响我们的计算结果。如果是C类收费模式，由于持有时间很短，销售服务费几乎可以忽略不计，那么需要付出的就是赎回费1.5%。所以，在持有时间小于7天时，C类模式是有优势的，但是基金只持有7天以内的成本太高了，1.5%的赎回费是不可接受的事情，应该很少有基民在一个星期内就卖出。

如果持有时间大于7天而小于30天，A类模式需要付出0.15%的申购费和0.75%的赎回费，C类模式需要付出小于0.05%的销售服务费和0.5%的赎回费，C类模式仍然有其费率的成本优势。

如果持有时间大于30天小于1年，A类模式需要付出0.15%的申购费和0.5%的赎回费，C类模式需要付出小于0.6%的销售服务费和0%的赎回费，还是C类模式占优。

如果持有时间大于1年小于2年，A类模式需要付出0.15%的申购费和0.3%的赎回费，而C类模式需要付出大于0.6%，小于1.2%的销售服务费，无赎回费。这时A类模式就占成本优势。如果持有时间大于2年，A类模式就获得更大的成本优势。

可以看出，当持有时间小于1年时，C类模式更有成本优势，而当持有时间大于1年时，A类模式更有成本优势，随着持有时间越来越长，A类模式的优势也会越来越大。长期持有是制胜的法宝，所以推荐大家买A类基金，除非你非常确定你要做短线，打算把基金当股票炒。

基金管理费是支付给基金管理人的管理报酬，也是基金管理人的主要收入来源，基金管理费通常按照每个估值日基金净资产的一定比例逐日计提，定期支付。很多货币基金的管理规模都在百亿元级别，有的甚至达到千亿元，规模最大的余额宝很长一段时间都在万亿元以上，货币基金的管理费也较低，每年0.15%或0.3%的费率比较常见。债券型基金的管理费一般会高于货币基金，但通常也不超过每年1%。指数型基金，也就是被动管理基金，被动管理其实就是复制指数，就像书画中的临摹一样，考验的是基金经理的技术，而不是创造力，所以，指数型基金的管理费要低于主动管理型基金，一般不超过每年1%。主动管理基金是最考验基金经理能力的，需要基金经理有较强的择股能力，所以，主动管理基金的管理费也最贵，一般为每年1.5%。

基金的托管费是付给托管银行的。通常按照基金资产净值的一定比例提取，通常为0.25%，逐日累计计提，按月支付给托管人。此费用是从基金资产中支付，无须另向投资者收取。

在买卖基金时既要重视基金的费率，又不要太在意基金的费率。如果你习惯于频繁买卖基金，那么基金的费率会成为吞噬你投资业绩的罪魁祸首，尤其不可忽视的是赎回费，一般来说，持有期越长，赎回费越低，7日内赎回，费率高达1.5%，而超过两年以后赎回，费率降为零。基金的这种费率规定，也是在鼓励投资者进行长期投资，如果你是长期投资者，就不用太在意这些费率，1.2%的申购费和1.5%的申购费在长期投资面前不值得一提，更何况理财App上的基金销售申购费一般都会打一折。

六、什么是基金净值与基金分红

在申购基金时，我们会发现同样一万元对于不同的基金能够买到的基金份额差异是很大的，造成这种差异的是基金净值。基金净值，简单来说就是每份基金的净资产价值，是指当前的基金总净资产除以基金总份额。

如果一只基金的单位基金净值为1元，那么一万元就可以买到10 000份；如果一只基金的单位基金净值为2元，那么一万元就只能买到5 000份。所以，也有很多人把基金净值称为基金的价格，我其实很不喜欢这样的称谓，因为对于基金来说，2元并不意味着比1元贵。基金净值的高低并不意味着贵贱，它只是一个刻度，后续的涨跌和这个刻度没有任何关系，所以，基金净值为1元，并不意味着未来的上涨空间就大，而基金净值为2元，也并不意味着未来的上涨空间就小，基金净值的高低和基金未来的涨跌没有任何关系。是不是基金净值为2元的风险会比基金净值为1元的大呢?基金净值和风险的大小也没有关系,如它们的持仓是一样的,那么它们的风险也一定是一样的。

所有的基金新发行时基金净值都是1元,随着时间一年年过去,基金的投资业绩会一点点反映到基金净值中,在不分红的情况下,基金收益翻一倍,基金净值就会翻一倍,在持有份额不变的情况下,基金资产的价值也同样翻了一倍。一只基金的净值很高,只能说明它历史可能比较悠久,或者业绩做得不错,高的基金净值只是历史业绩积累下来的结果,所以基金净值只是一个刻度,它只是代表基金过去的积累。

以华夏大盘精选混合A为例,看一下高净值基金是怎么练成的。很多老基民应该对这只基金非常熟悉,这只基金截至2021年已经有17年的历史,而它曾经的掌舵者就是大名鼎鼎的王亚伟。这只基金截至2021年11月5日,累计收益达到3 999.93%,单位净值为20.136,累计净值为26.94,这三个数字记载着这只基金悠久的历史和曾经的辉煌。

基金的历史越久,过往的业绩越突出,它的累计收益和累计净值也就越高,买高净值的基金,并不意味着我们买贵了,只是代表我们选择了一只历史悠久,过往业绩突出的基金。所以,对于基民朋友来说,我们不应该害怕高净值,反而应该拥抱高净值,虽然过往的业绩不能代表未来,但至少它证明过自己,如果这只基金没有换过基金经理,那么它业绩的延续性也会更强。对于一只新基金来说,基金净值往往很低,但低基金净值不意味着它很便宜,只是代表它没有历史,或者过往业绩很差。

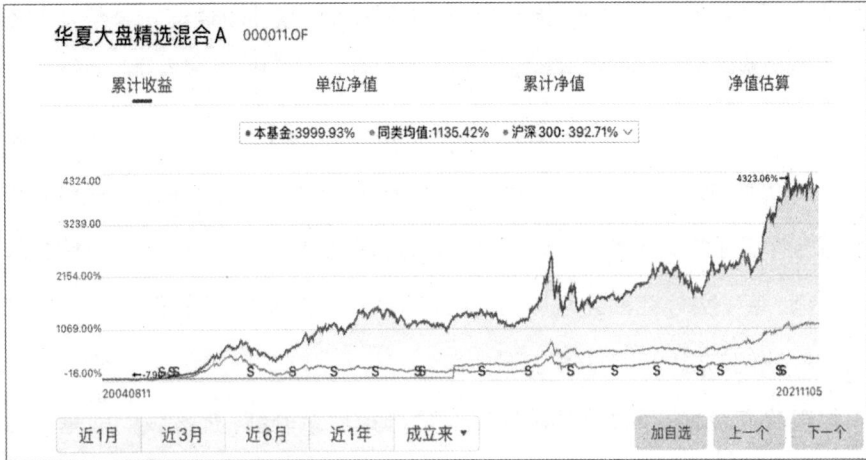

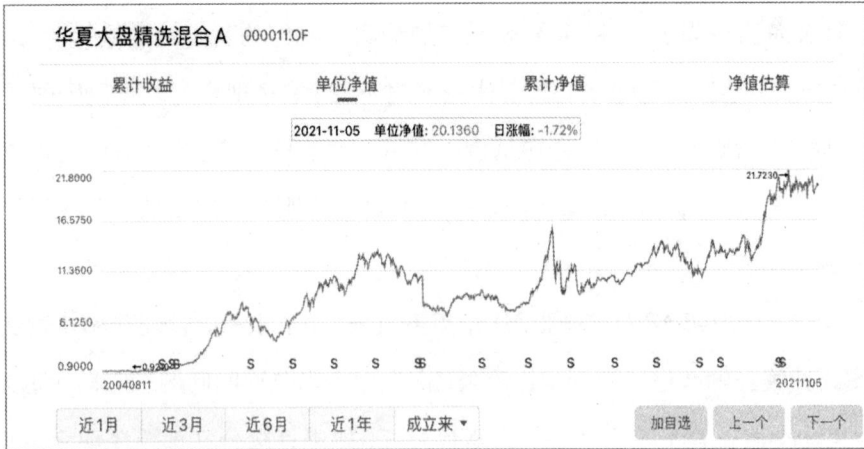

从上面三张图可以看出：累计收益、单位净值、累计净值这三个数字并不相同，这里面蕴含着什么样的逻辑关系呢？

如果从2004年这只基金成立时以单位净值1元认购了10 000份基金份额，并且选择红利再投资，一直持有至今，我们获得的就是累计收益。基金分红时，虽然基金净值会在除息时降低，但是如果选择红利再投资，红利就会被换算成基金份额，每一次分红都会增加基金份额，虽然基金净值下降了，但是份额增多了，所以，我们的总体资产并没有减少。

如果我们没有选择红利再投资，而是选择现金分红，那么我们的基金份额将保持10 000份不变，基金账户里体现的是单位净值乘以10 000份；因为除息，基金净值下降了，在基金份额不变的情况下我们的基金资产减少了，但是我们拿到了现金。所以，我们的总体资产也不变。拿了现金可以满足即时的消费，但是这一部分资金却失去在基金中继续利滚利的机会。累计净值是单位净值和过往分红的和，所以，累计净值可认为是基金账户里的钱加上以往现金分红的钱。

为了便于理解，我列了一张表格，见下页表，由于未考虑管理费和托管费，最终累计收益的数值比实际累计收益略高，但不影响说明问题。从表中可以看出，累计净值就等于单位净值加上累计分红，如果每次分红都选择现金，那么17年以后，基金账户中将会有201 360元（单位净值与基金份额之积），而17年来我们获得的现金累计为68 040元（累计分红与基金份额之积）。如果每次都选择红利再投资，那么17年后我们的基金份额将会从最初的10 000份增加到如今的20 403.4份，基金账户中将会有410 842.86元（单位净值与基金份额之积）。可以看出红利再投资可以显著增厚我们的收益，但为此付出的代价是我们放弃每一次获得分红的现金流。

单位：元

日期或除息日	净　值	累计净值	每份分红	份额（红利再投资）	基金资产总额
成立	1.000			10 000	10 000
2006-2-28	1.051	1.111	0.06	10 570.88	11 110.00
2006-5-31	1.576	1.696	0.06	10 973.33	17 293.97
2006-6-30	1.686	1.866	0.06	11 363.84	19 159.43
2008-4-8	6.448	6.728	0.1	11 540.08	74 410.42
2009-4-9	6.359	6.739	0.1	11 721.55	74 537.36
2010-4-7	10.704	11.184	0.1	11 831.06	126 639.67
2011-4-6	12.998	13.578	0.1	11 922.08	154 963.23
2012-4-9	10.213	10.893	0.1	12 038.82	122 952.44
2012-5-15	7.771	11.451	3	16 686.41	129 670.10
2013-10-16	8.936	12.716	0.1	16 873.14	150 778.41
2014-11-19	7.954	11.834	0.1	17 085.28	135 896.30
2015-11-23	11.524	15.504	0.1	17 233.54	198 599.26
2016-12-13	10.194	14.274	0.1	17 402.59	177 402.01
2017-12-13	13.291	17.471	0.1	17 533.53	233 038.10
2018-12-17	11.207	15.487	0.1	17 689.98	198 251.58
2019-6-27	13.416	18.356	0.66	18 560.24	249 004.13
2020-11-26	19.458	25.371	0.973	19 488.34	379 204.19
2020-12-24	18.976	25.780	0.891	20 403.40	387 174.92
2021-11-5	20.136	26.940		20 403.40	410 842.86
单位净值	20.136				
累计分红	6.804				
累计净值	26.940				
累计收益	40.0843				

很多投资者都喜欢分红这个词，因为这个词总让人有一种感觉，认为这个钱是白给的。但其实无论是股票分红还是基金分红，都是分投资者自己的钱，其本质是把本来就属于你的钱分给你，当你拿到钱的那一刻，你投资账户里的资产会同时减少。股票分红体现了公司的发展状况，当公司业务成熟，不需要继续投资扩产时，会选择把赚到的利润分给股东，在分红除息后虽然股价降低了，但由

于股民情绪的影响，股价会慢慢再涨上来，这个过程也被称为填权。金融学对于股票分红的观点一直存在争议，但毕竟背后尚有一套逻辑作为支撑，而基金分红能代表什么，着实让人迷惑不解，如果你刚刚投资一只基金，基金就给你做了大比例分红，就相当于你投给基金的钱被退回来一部分，而这一部分是你刚刚付出过申购费的。就好像你刚给了基金10 000元，对基金经理说请帮我投资，基金收完申购费以后，基金经理反手退给你2 000元说，"少投点吧，投8 000元就行了"。可是我如果决定投8000元，我为什么要给你10 000元呢？打算投资多少钱不应该是投资者来决定吗？我如果需要钱，我去赎回就可以了，需要你去分红吗？

基金分红本没有实际意义，基金管理者最真实的想法不过是投其所好，既然投资者喜欢分红这个词，认为肯分红的基金业绩优秀，那就时不时给投资者分一点儿，在分红的同时吸引更多的投资者加入。还有一个原因是很多投资者有高净值恐惧症，而分红可以降低基金单位净值，让投资者误认为便宜，风险小。如果不想要基金分红，就可以选择红利再投资，对于我来讲，家庭的生活开销本来都已经预留出来，不需要基金经理操心把本来就属于我的钱分给我，所以，我在申购基金时都选择了红利再投资。

七、我们在哪里买基金

购买基金的方式本质上和购买其他商品没有什么区别。基金本身就是一种产品，这种产品是基金公司生产的，然后通过各种销售渠道卖出去。投资者是这种产品的买方，只不过基金并不是买完就结束了，还需要跟踪和管理，等待合适的时机再卖回去。

基金销售的渠道非常多，但主要包括两种：一种是直销；另一种是代销。

基金公司自产自销就是直销，可以在基金公司的官方网站上去购买。但是易方达的官网上只会卖易方达的产品，我们不可能在易方达官网买到汇添富的基金。所以在官网购买基金的弊端就显现出来，我们要建立投资组合，不可能只买一只基金，我们可能要选几家基金公司的多个产品，如果都去各个官网上分别购买，不方便后续的跟踪和管理。

除了直销就是代销，代销无非是基金公司委托其他机构为他们代卖。但是基金属于金融产品，不是想卖就能卖的，销售基金必须有基金销售牌照。最初具有基金销售牌照的除了基金外，主要就是银行和证券公司。2012年，央行开始向第三方理财机构开放基金牌照申请，再加上理财App在手机移动端兴起，基金销售的客户可触达性增强了很多，也使很多从来不理财的人慢慢开始建立理财意识。好买基金、天天基金、同花顺基金、蚂蚁基金都是在2012年拿到的基金销售牌照，后来腾讯和百度也相继拿到基金销售牌照，也就是腾讯的理财通和百度的度小满。这些独立基金销售机构在平台打造上的优秀实力为广大投资者提供了更好的基金销售服务。

在证券公司购买基金需要有证券账户，证券公司的网点相比于银行来说也明显处于劣势，而几乎没有人不和银行打交道，所以，最早的基民通过银行的渠道购买基金。银行信誉度好，网点星罗棋布，专业的销售人员微笑服务，现场讲解，对于习惯于银行理财的中老年人有极大的吸引力。但是在银行购买基金有几大弊端：一是银行代销的基金产品数量有限，很难面面俱到。二是银行代销的费用较高，申购费基本上不怎么打折，而第三方销售机构都是一折费率，按1.5%的申购费计算，实际费率只有0.15%。三是银行的推销是站在卖方的角度，目的是把产品卖出去，而并非完全为客户着想。四是现在银行的App上也可以购买基金，但是银行的App界面和流畅程度总是让人不那么满意。

我比较推荐大家在天天基金和蚂蚁财富等第三方代销机构上购买。费率够低，一般只有一折；产品齐全，你想买的基金基本上都可以买到；App界面友好，操作流畅。

选择去哪儿买东西其实很简单，需要考虑的就是能不能买到你想要的东西（基金产品全不全），是不是够便宜（费率折扣），里面的装修风格喜不喜欢（App界面），满足以上条件就是一个好的购买平台。天天基金是专门的基金

App，是东方财富旗下平台，和东方财富可以互连互通，它的优势在于信息展示的完整度和丰富度较高，如果你已经在东方财富开户，再使用天天基金就是比较好的选择。蚂蚁财富也是我比较喜欢的平台，虽然在信息展示的丰富程度上不如天天基金，但是它的App界面简洁大气，并且蚂蚁财富和支付宝是同一个账号，数据互连互通，非常方便，反正支付宝已经绑定了银行卡，钱转来转去还有余额宝作为缓冲区，多少还有点儿利息。

总结一下，基金公司就像专卖店，只卖他们自己的产品。银行像便利店，销售的费用比较高。而第三方理财平台就像超市，产品琳琅满目，折扣大，费率低，装修简洁大气。建议大家选一个自己喜欢的理财App，只是把它作为一个超市，为了卖东西给你，超市免不了会有各种推荐，这些推荐可能并不是那么专业，你需要擦亮眼睛去甄别判断，最好的方式是直接无视，用自己的方法选择基金，主动去挖掘自己想买的东西。

下表所示为截至2021年二季度的基金销售机构公募基金销售保有规模。

排　　名	机构名称	股票＋混合公募基金保有规模（亿元）	非货币市场公募基金保有规模（亿元）
1	招商银行股份有限公司	7 535	7 961
2	蚂蚁（杭州）基金销售有限公司	6 584	10 594
3	中国工商银行股份有限公司	5 471	5 875
4	上海天天基金销售有限公司	4 415	5 075
5	中国建设银行股份有限公司	4 113	4 445
6	中国银行股份有限公司	3 334	4 851
7	中国农业银行股份有限公司	2 467	2 751
8	交通银行股份有限公司	2 435	2 710
9	上海浦东发展银行股份有限公司	1 738	1 787
10	中国民生银行股份有限公司	1 630	1 681

第八章

如何选基金

当我们对基金的基本概念有了一定的了解后，就面临选择基金的问题。无论是蚂蚁财富还是天天基金，都喜欢在首页上推荐近一年收益率比较好的基金，这是无可厚非的，如果推销的是近一年亏损的基金，基民们大概率是不会买的。那么我们是不是应该买近一年收益率好的基金呢？

想必大家应该也听过这样的理论，基金具有冠军"魔咒"，前一年排名靠前的基金，在接下来的一年往往表现平平，甚至低于平均水平。在某一年表现特别好的基金，是因为踩中了热门板块，押对了市场风格，并不一定是基金经理的能力有多强。

市场存在板块轮动，你方唱罢我登场。除了板块轮动，还有市场风格的切换，有的年份价值股会好，有的年份成长股会好，好的时候好上加好，热闹过后一地鸡毛。

基金经理不是神仙，每一位都有自己擅长的领域，也有自己的局限。市场喜欢走极端，盛极必衰，否极泰来，某一年业绩太好，也往往意味着接下来容易走下坡路，某一年表现太差，接下来也有可能时来运转。

仅仅依靠业绩排名选基金肯定是不可靠的，接下来我们聊一聊选基金的那些事儿。

一、第三方基金评级

截至2021年A股的上市公司有4 000多家，而我国的公募基金有8 000多只，基金的数量是股票的2倍多，选股难，选基金似乎也不容易。这么多的基金，去年表现好的，今年未必好，如何评价一只基金显然不能只看过去的收益率，为了给投资者提供参考，诞生了很多基金评级机构，它们使尽浑身解数，制定了很多标准，对基金业绩进行复杂的数学和统计运算，为各个基金做出评级。

下表所示为在中国证券投资基金业协会备案，具备基金评价评级及基金评奖等从业资格的基金评价机构。

编　号	基金评价机构	机构类型
1	海通证券股份有限公司	基金评价
2	上海证券有限责任公司	基金评价
3	招商证券股份有限公司	基金评价
4	中国银河证券股份有限公司	基金评价
5	北京济安金信科技有限公司	基金评价
6	晨星资讯（深圳）有限公司	基金评价
7	天相投资顾问有限公司	基金评价
8	上海证券报社	基金评奖
9	证券时报社	基金评奖
10	中国证券报社	基金评奖

基金评价分为评奖和评级。基金评奖都是一年一度的，有上千只基金参选，最终在各个分类中评选出业绩优异的获胜者，获胜者都是百里挑一，甚至千里挑一，奖项含金量十足，也是基金经理们的最高荣誉。基金评级的发布要频繁一些，一般都是每季度更新，而且只要达到参评资格的基金都会获得评级，就像每一位员工都有KPI一样。下面先讨论两个重要的基金奖项：一个是基金金牛奖；另一个是晨星基金奖。

在国内基金界有一个重要的奖项是基金金牛奖。2010年，中国证券报与五大协办方同时获得首批基金评奖业务资格，成为国内最权威的基金评价团队，"中国基金业金牛奖"评选活动由中国证券报主办，银河证券、天相投顾、招商证券、海通证券、上海证券五家机构协办，该奖项在基金行业和基金监管层中有广泛的认可度，是中国资本市场最具公信力的权威奖项之一。下表所示为单只基金奖项一览表，单只基金评选依据《中国基金业金牛奖基金分类体系》一级分类，封闭式基金、开放式股票型基金、开放式混合型基金、开放式指数型基金、开放式债券型基金五大类型分类实施，每年评选一次。

单只基金奖项一览表			
类　　型	年度金牛基金	三年期持续优胜金牛基金	五年期持续优胜金牛基金
封闭式基金	√	√	√
开放式股票型基金	√	√	√
开放式混合型基金	√	√	√
开放式债券型基金	√	√	√
开放式指数型基金	√		

　　另一个权威的基金奖项是晨星年度基金奖。晨星基金奖是晨星基金评价体系的重要组成部分，在全球享有盛誉。评选方法包括定量筛选和定性评价，定量筛选考察基金当年度及长期业绩、风险、风险调整后收益，基金经理在上一年度是否变动等。定性评价考察基金经理任职时间、基金公司管理团队的稳定性、投资组合与投资策略的一致性等。以2021年度晨星基金奖为例，共有2 786只公募基金参选，最终只有5只基金获奖，获奖的难度可见一斑。

　　除了一年一度的基金评奖外，还有基金评级。天天基金网上的基金评级板块采用上海证券、招商证券和济安金信三个机构的评级结果，基金评级从一星至五星不等，五星代表业绩优秀，星级越低评级越差。从天天基金网公布的评级结果看，这三家评级机构在某些基金上给出的评级差异还是很大的，有的甚至会差三个星级，如有的机构给了5星，有的机构却只给了2星。

　　在基金评级中笔者最常用的是晨星基金评级，晨星公司是一家外资机构，是国际基金评级业务的权威机构。晨星资讯（深圳）有限公司是由美国纳斯达克上市公司Morningstar Inc（股票代码MORN）全资控股的外资企业，于2003年2月在深圳成立，已有员工近千人，主要从事于基金、股票数据的收集、研究及各类分析投资软件的开发与运用。

　　晨星公司在1985年首次推出基金评级（Morningstar Rating），通过星级评价的方式协助投资人更加简便地筛选基金，分析基金在同类产品中的过往业绩表现。在1996年，又引入分类星级评价方法（Category Rating），对基金进行进一步细分，以期望效用理论为基础来衡量基金的风险调整后收益，体现了基金月度业绩表现的波动变化，并更加注重反映基金资产的下行波动风险。晨星的基金评价体系经过了30多年的发展，形成了涵盖定性分析和定量分析的方法论。下面介绍晨星评价基金的方法论。

要评价一只基金，这只基金需要有一定的历史业绩，一张白纸是不存在评价基础的。晨星选择的评级对象是具备三年或三年以上历史业绩的开放式基金。

一只基金去年收益率30%，这只基金好不好？有的朋友说好，那么我说同类基金在去年的平均收益率是40%，你还认为这只基金的表现好吗？数据只有在比较时才有意义，怎么比，要和同类比。拿股票型基金和债券型基金比没有意义，拿大盘价值股和中小盘成长股比也没有意义，我们选基金其实是选基金经理，基金经理本身在投资中是有自己擅长的领域的，而且不同基金的投资标的也受到很多约束，我们的目的是尽量过滤掉那些不决定基金经理能力的因素，只评价体现基金经理能力的部分，如果一只基金的收益来源是因为正好踩在市场风格上，或者是因为承担了更多的风险，我们就应该尽量把这部分因素剔除。晨星评级的结果就是想更多地反映基金经理的投资管理能力，尽量避免受到市场环境或基金经理控制能力之外因素的影响。分类是剔除这些外围因素的一个好的方式，基金只在同类中去比较才有意义，就如同自行车比赛一样，山地赛和公路赛要分开比，成绩混在一起并不能客观评价参赛选手。

晨星评级思路的第一步就是对基金进行分类，晨星发明的九宫格分类法已经成为业内最常用的方法，基金研究机构常用晨星投资风格箱来界定基金风格，这是一种基于持仓的分析方法。有两个重要的影响基金业绩表现的因素：一个是基金所投资股票的规模；另一个是基金所投资股票的风格。晨星以基金持有的股票市值为基础，把基金投资股票的规模风格定义为大盘、中盘和小盘；以基金持有的股票价值—成长特性为基础，把基金投资股票的价值—成长风格定义为价值型、平衡型和成长型。下图所示为2021年6月份基金经理林小聪管理的020023国泰事件驱动策略混合的投资风格箱,风格箱被划分为九宫格,纵轴描绘股票市值规模的大小,分为大盘、中盘和小盘,横轴描绘股票价值—成长风格,分为价值型、平衡型和成长型。该图所显示的基金风格为大盘成长型,除了定性的分类,右侧还显示基金在九宫格中的持仓比例。

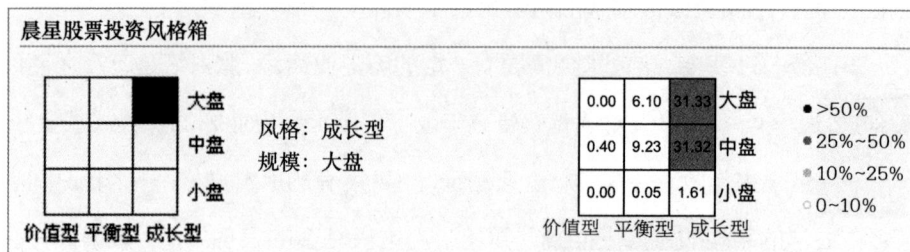

晨星股票投资风格箱

0.00	6.10	31.33	大盘
0.40	9.23	31.32	中盘
0.00	0.05	1.61	小盘
价值型	平衡型	成长型	

风格:成长型
规模:大盘

- ● >50%
- ● 25%~50%
- ◕ 10%~25%
- ○ 0~10%

我国很多基金的实际持仓风格和基金名称或招募说明书中关于投资范围的描述并不相同,比如有些基金名称中有小盘或科技等字样,但可能实际持仓却是贵州茅台,所以,大家判断一只基金风格时,还是不能轻信基金名称,一定要检查基金的持仓。晨星的基金分类方法是以分析基金的投资组合为基础的,而不仅依靠基金名称或招募说明书关于投资范围和投资比例的描述。2021年10月晨星发布了最新的分类方法。

晨星按照投资风格将原普通股票型和积极配置型细分为8个新的基金分类,其定义如下。

大盘成长股票:主要投资于上海和深圳证券交易所上市的大型成长型公司股票的基金。将所有股票按市值从大到小排序,累计市值处于总市值前70%的股票被定义为大盘股。成长的定义是基于快速增长(盈利、销售收入、账面价值和经营现金流的高增长率)和高估值(高市盈率和低股息收益率)。一般来说,其股票投资占基金资产的比例≥80%。

大盘平衡股票:主要投资于上海和深圳证券交易所上市的大型平衡型公司股票的基金。将所有股票按市值从大到小排序,累计市值处于总市值前70%的股票被定义为大盘股。平衡型基金是指既不属于成长风格也不属于价值风格的基金。一般来说，其股票投资占基金资产的比例≥80%。

大盘价值股票：主要投资于上海和深圳证券交易所上市的大型价值型公司股票的基金。将所有股票按市值从大到小排序，累计市值处于总市值前70%的股票被定义为大盘股。价值的定义是基于低估值（低市盈率和高股息率）和低增长（盈利、销售收入、账面价值和经营现金流的低增长率）。一般来说，其股票投资占基金资产的比例≥80%。

中盘成长股票：主要投资于上海和深圳证券交易所上市的中型成长型公司股票的基金。它们持有的股票通常介于小盘股和大盘股之间。将所有股票按市值从大到小排序，累计市值处于总市值前70%的股票被定义为大盘股，累计市值处于总市值后10%的股票被定义为小盘股。成长的定义是基于快速增长（盈利、销售收入、账面价值和经营现金流的高增长率）和高估值（高市盈率和低股息收益率）。一般来说，其股票投资占基金资产的比例≥80%。

中盘平衡股票：主要投资于上海和深圳证券交易所上市的中型成长型公司股票的基金。它们持有的股票通常介于小盘股和大盘股之间。将所有股票按市值从大到小排序，累计市值处于总市值前70%的股票被定义为大盘股，累计市值处于总市值后10%的股票被定义为小盘股。平衡型基金是指既不属于成长风格也不属于价值风格的基金。一般来说，其股票投资占基金资产的比例≥80%。

积极配置—大盘成长：主要投资于上海和深圳证券交易所上市的大型成长型公司股票的基金。将所有股票按市值从大到小排序，累计市值处于总市值前70%的股票被定义为大盘股。成长的定义是基于快速增长（盈利、销售收入、账面价值和经营现金流的高增长率）和高估值（高市盈率和低股息收益率）。此类基金投资于股票、债券及货币市场工具的基金，且不符合股票型基金和债券型基金的分类标准；其股票类资产占资产净值的比例≥70%。

积极配置—大盘平衡：主要投资于上海和深圳证券交易所上市的大型平衡型公司股票的基金。将所有股票按市值从大到小排序，累计市值处于总市值前70%的股票被定义为大盘股。平衡型基金是指既不属于成长风格也不属于价值风格的基金。此类基金投资于股票、债券及货币市场工具的基金,且不符合股票型基金和债券型基金的分类标准;其股票类资产占资产净值的比例≥70%。

积极配置—中小盘:主要投资于上海和深圳证券交易所上市的中小型公司股票的基金。将所有股票按市值从大到小排序,累计市值处于总市值后30%的股票被定义为中小盘股。此类基金投资于股票、债券以及货币市场工具的基金,且不符合股票型基金和债券型基金的分类标准;其股票类资产占资产净值的比例≥70%。

晨星拟按港股仓位将原沪港深积极配置型细分为两个新的基金分类,其定义如下。

沪港深积极配置:主要投资于上海、深圳及香港三地的股票、债券及货币市场工具的基金,且不符合股票型基金、债券型基金和港股积极配置型基金的分类标准,其股票类资产占资产净值的比例≥70%。

港股积极配置:主要投资于上海、深圳及香港三地的股票、债券及货币市场工具的基金,且不少于80%的非现金资产投资于港股。此类基金不符合股票型基金和债券型基金的分类标准,其股票类资产占资产净值的比例≥70%。

晨星拟新增一个REITs分类,其定义如下。

基础设施REITs:主要投资于基础设施资产支持证券并持有其全部份额。基础设施项目主要包括公路、铁路、机场和港口等交通设施,水、电力、天然气等市政设施,污染治理和信息网络等其他基础设施。一般来说,其投资于基础设施资产支持证券比例不低于基金资产的80%。

完成基金的分类后,就要衡量基金的收益,晨星是用月度回报率来衡量基金收益的。仅仅考虑基金的收益还不够,我们需要知道这些收益是稳稳当当拿到的,还是火中取栗拿到的。

两只收益相同的基金,可能承担了迥然不同的风险程度,因此,评价基金不能只看收益率,还要考察风险因素。收益是我们喜欢的,但风险是我们不喜欢的,如果承担了太大的风险,就需要对收益进行惩罚,晨星创造了一个指标为基金的风险调整后收益MRAR（Morningstar Risk-Adjusted Return）。

　　MRAR的衡量以期望效用理论为基础，该理论认为投资人愿意放弃一定的预期收益率来换取高确定性，可以简单理解为MRAR=收益-风险，风险的衡量来源于月度回报率的波动程度（尤其是下行波动），波动越大风险就越高，收益率相同的两只基金，晨星对波动较大者会给予更多的风险惩罚，收益被风险惩罚以后得到的MRAR值会变小。同样的收益率，投资者肯定喜欢业绩稳定者，同样的风险，投资者肯定喜欢收益率更高者，如果量化比较，晨星创造的基金风险调整后收益MRAR可作为一个有效的指标。

　　接下来是怎样展示比较结果。晨星使用的方式是根据比较结果进行星级评价，和自行车参赛选手最终获取一等奖、二等奖、三等奖是一样的。晨星会根据计算出的风险调整后收益MRAR进行由大到小排序，前10%被评为5星；接下来22.5%被评为4星；中间35%被评为3星；随后22.5%被评为2星；最后10%被评为1星（见下图）。

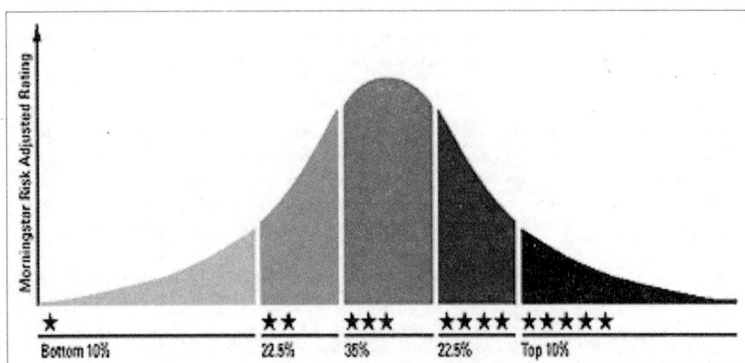

　　打开晨星网站，其中有两个非常好用的工具：一个是基金筛选器；另一个是基金对比。基金筛选器中设置了非常多的可筛选条件，可以根据自己的需求添加约束，筛选出自己想要的基金。

　　在基金的展示区，表头项目也比较丰富，有快照、业绩和风险、投资组合、购买信息、加入观察、取消观察、组合透视、基金对比。下面两张截图中一张截图显示的是快照，下拉菜单包括晨星评级（三年）或晨星评级（五年），另一张截图显示的是业绩和风险，下拉菜单包括各个时间期间的回报和风险系数，还可以单击某一项进行排序，这里选择按10年年化回报排序，可以看到排名前10位的基金年化回报均在22%以上。

	代码	基金名称	基金分类	晨星评级(三年)	晨星评级(五年)	净值日期	单位净值(元)	净值日变动(元)	今年以来回报(%)
1	002190	农银汇理新能源主题灵活配置混合	积极配置-大盘成长	★★★★★	★★★★★	2021-11-12	4.7310	0.0224	69.63
2	000828	泰达宏利转型机遇股票A	大盘成长股票	★★★★★	★★★★★	2021-11-12	3.9710	0.0390	76.02
3	000336	农银研究精选混合	积极配置-大盘成长	★★★★★	★★★★★	2021-11-12	5.6530	0.0290	54.04
4	001704	国投瑞银进宝灵活配置混合	积极配置-大盘成长	★★★★★	☆☆☆☆☆	2021-11-12	4.6215	0.0169	65.25
5	001606	农银汇理工业4.0灵活配置混合	灵活配置	★★★★★	★★★★★	2021-11-12	5.3365	0.0311	52.68
6	001245	工银生态环境股票	大盘成长股票	★★★★★	★★★★☆	2021-11-12	3.0010	0.0410	67.75
7	000209	信诚新兴产业混合A	积极配置-大盘成长	★★★★★	★★★★☆	2021-11-12	5.5982	-0.0036	93.51
8	004784	招商稳健优选股票	大盘成长股票	★★★★★	☆☆☆☆☆	2021-11-12	3.7595	0.0302	72.49
9	001643	汇丰晋信智造先锋股票A	中盘成长股票	★★★★★	★★★★★	2021-11-12	4.2617	0.0504	40.97
10	002669	华商万众创新灵活配置混合	积极配置-大盘成长	★★★★★	★★★★★	2021-11-12	3.3060	0.0340	45.32

	代码	基金名称	1天回报(%)	1周回报(%)	1个月回报(%)	3个月回报(%)	6个月回报(%)	1年回报(%)	2年年化回报(%)	3年年化回报(%)	5年年化回报(%)	10年年化回报(%)	设立以来总回报(%)	三年标准差(%)	三年晨星风险系数
1	519704	交银先进制造混合	2.02	5.46	14.73	8.36	34.54	50.88	61.58	52.09	27.65	25.68	831.08	18.96	6.10
2	519674	银河创新成长混合	-1.22	5.25	20.72	0.45	49.61	49.48	55.02	55.88	30.53	24.88	743.14	37.88	20.23
3	519091	新华泛资源优势混合	1.12	-1.04	15.02	10.24	52.69	58.34	61.99	47.68	29.78	23.59	710.05	21.32	8.63
4	163406	兴全合润混合	0.83	2.79	7.30	1.86	0.37	10.27	39.14	41.01	21.39	23.53	690.07	17.74	7.11
5	377240	上投摩根新兴动力混合A	-0.15	2.70	9.91	5.88	31.90	52.92	64.47	55.87	28.69	23.39	682.80	27.03	11.18
6	040015	华安动态灵活配置混合A	2.00	5.74	16.09	7.75	78.33	87.71	68.83	57.74	29.18	23.21	-685.92	30.34	13.01
7	519702	交银趋势优先混合A	1.45	3.22	12.55	12.05	50.01	68.70	68.91	58.20	30.07	22.75	563.05	23.76	6.93
8	550009	信诚中小盘混合	0.57	3.86	20.22	10.01	67.88	93.44	91.26	71.11	31.36	22.57	583.25	30.33	13.14
9	398061	中海消费混合	1.66	0.55	18.73	6.34	25.88	47.78	47.35	51.28	22.51	22.47	658.84	27.16	12.45
10	270028	广发制造业精选混合A	1.18	3.73	17.16	3.44	46.06	45.25	69.05	58.21	24.90	22.11	637.30	25.36	12.21

基金对比工具可以把你想比较的基金放到一起对比，走势图和各种参数在一起展示，可以让我们得到更加直观的感受。关于晨星网站就不多做介绍了，大家可以登录去慢慢摸索。

二、"养基"技术哪家强

我一直在说选基金就是选基金经理，这句话本没有错，可是毕竟基金经理是在基金公司的平台上工作的，如果脱离这个平台他是否还能做出同样优异的业绩呢？假如我们持有A基金公司的一只基金，后来这只基金的基金经理跳槽到B基金公司，我们是继续持有原基金，还是跟随这名基金经理，去买他在B基金公司接手的新基金呢？这是一个非常有意思的问题，这个问题也很难有标准答案。

基金经理的能力和投资风格对基金的业绩具有很大的影响，基于此，我们常说选基金就是选基金经理。但是基金经理的能力背后还有他的投研团队和平台所发挥的作用，而这一点也是不可忽视的。

基金公司和基金经理的关系在某种程度上是相互的。一般而言，好的基金公司能吸引到优秀的投研团队和基金经理，优秀的投研团队和基金经理反过来可以强化基金公司的投资业绩，投资业绩可以带动基金公司的管理规模，管理规模又可以增加基金公司平台的实力。

基金公司的平台本身具有重要性：一方面是投研能力；另一方面是投研文化。投研能力反映在投研团队的信息收集能力和分析能力上，A股有4 000多只股票，申万一级行业有31个，二级行业有134个，其中投研团队的精力圈有多大，哪些是投研团队的能力圈，精力圈和能力圈是投研的两个重要的圈，这两个圈是衡量基金公司投研能力的重要因素。投研文化反映在基金公司对基金经理的激励和约束上，基金经理是以什么方式获取回报的，基金业绩考核是以中短期还是中长期为目标，基金公司对于基金风格的飘移有没有约束，这些都会影响基金经理在投资中的动作。

我们讨论了投研能力和投研文化这些看似有道理的东西，但是这些对于圈外的"基民"来说看不见、摸不着，对于实际操作好像并没有多大帮助，如何尽可能地选择可靠的基金公司呢。下面的方法未必好，但或许多少有点儿帮助，也许我们只需在每一步上增加一点点成功的概率，长期来看就会获取非常不错的效果。

我的第一个观点是尽量不要选择管理规模过小的基金公司

截至2021年9月，中国有8 866只基金，基金总规模为23.9万亿元，基金管理人为151家，下表所示为非货币理财公募基金的养基规模排行前20名，数据来源于中国证券基金业协会。大家也可以在晨星网查看基金公司的管理规模，并不是说基金管理规模小的基金公司就不好，而是作为投资者，要尽可能地规避不必要的风险，管理规模较大的基金公司历史都比较悠久，长期的业绩还不错，它们虽然未必投资能力强人一等，但至少长时间内得到了广大基民的认可。

排名	公募基金管理人名称	非货币理财公募基金月均规模（亿元）	排名	公募基金管理人名称	非货币理财公募基金月均规模（亿元）
1	易方达基金管理有限公司	10 471.07	11	嘉实基金管理有限公司	4 002.58
2	广发基金管理有限公司	5 961.39	12	鹏华基金管理有限公司	3 618.53
3	汇添富基金管理股份有限公司	5 916.63	13	交银施罗德基金管理有限公司	3 177.94
4	华夏基金管理有限公司	5 876.47	14	华安基金管理有限公司	3 093.21
5	富国基金管理有限公司	5 709.20	15	景顺长城基金管理有限公司	3 065.13
6	南方基金管理股份有限公司	5 336.54	16	兴证全球基金管理有限公司	3 027.97
7	招商基金管理有限公司	4 677.06	17	中银基金管理有限公司	2 712.46
8	博时基金管理有限公司	4 490.14	18	国泰基金管理有限公司	2 428.98
9	中欧基金管理有限公司	4 071.90	19	上海东方证券资产管理有限公司	2 360.36
10	工银瑞信基金管理有限公司	4 009.63	20	银华基金管理股份有限公司	2 297.11

注：1. 非货币公募基金月均规模计算方式：1～3季度为本季度各月末规模算术平均，4季度为本年12个月末规模算术平均。

2. 各月末规模剔除了短期理财债券基金规模和基金中基金持有的自身管理的基金规模。

第二个观点是在晨星网上看一下各个基金公司旗下管理基金的星级分布和业绩分布

因为晨星评级的条件是基金要至少成立3年以上，有3年以上的历史业绩，所以一星至五星的基金只占基金公司旗下基金的一部分，但是这部分基金具有一定的代表意义。如果五星基金和四星基金的占比较高，可以大致说明基金公司的历史业绩整体表现不错。如果一星和两星的基金占比较高,说明基金公司的历史业绩整体表现比较平庸。

除了看星级以外,也可以看业绩分布,在业绩分布中可以选择业绩区间,有"今年以来""最近一年""最近两年""最近三年""最近五年""最近十年"六个区间(见下图),我一般喜欢选择最近三年或最近五年,因为基金经理的平均任期为三年多,选择的时间太短,不足以评估基金公司的真正实力,选择的时间太长,历史太久的数据又不一定具有代表意义。尽量选择基金业绩分布在前1/4或前1/2占比高的基金公司。

2020年晨星中国基金业绩排行榜 ★★★★

基金公司

基金规模:227339.88亿元		基金只数:8653只		在职基金经理:2545人		基金经理平均任期:3年99天	

所在城市: 不限　北京　上海　深圳　广州　其它
基金规模: 不限　≥1000亿元　500≤N<1000亿元　100≤N<500亿元　50≤N<100亿元　<50亿元
业绩区间: 今年以来　最近一年　最近两年　**最近三年**　最近五年　最近十年

快照　基金经理　**星级分布**　最佳业绩　业绩分布　资产分布　重仓股票　重仓债券　基本信息

序号	基金公司	旗下基金(只)	五星基金(只)	四星基金(只)	三星基金(只)	两星基金(只)	一星基金(只)	未评级基金(只)
1	易方达基金	275	27	36	50	29	1	252
2	天弘基金	143	1	8	24	14		160
3	广发基金	292	16	28	46	43	27	309
4	南方基金	275	12	27	71	25	10	287
5	华夏基金	298	21	27	49	35	12	276
6	博时基金	310	12	39	47	33	12	271
7	汇添富基金	229	2	27	39	24	12	224
8	富国基金	245	14	29	38	13	7	238
9	嘉实基金	256	12	18	44	37	11	207
10	工银瑞信基金	204	20	24	39	13	10	212

2020年晨星中国基金业绩排行榜 ★★★★

基金公司

基金规模:227339.88亿元		基金只数:8653只		在职基金经理:2545人		基金经理平均任期:3年99天	

所在城市: 不限　北京　上海　深圳　广州　其它
基金规模: 不限　≥1000亿元　500≤N<1000亿元　100≤N<500亿元　50≤N<100亿元　<50亿元
业绩区间: 今年以来　最近一年　最近两年　**最近三年**　最近五年　最近十年

快照　基金经理　星级分布　最佳业绩　**业绩分布**　资产分布　重仓股票　重仓债券　基本信息

序号	基金公司	同类排名前1/4	同类排名前1/2	同类排名后1/2	同类排名后1/4	回报率<0%	回报率0-10%	回报率10-20%	回报率20-30%	回报率30-50%	回报率>50%
1	易方达基金	60	75	50	28	9	80	49	28	41	6
2	天弘基金	14	11	31	12	0	26	22	8	12	0
3	广发基金	40	45	69	71	2	109	27	34	44	9
4	南方基金	46	65	63	42	14	78	38	43	35	3
5	华夏基金	57	46	38	48	9	77	45	22	31	5
6	博时基金	52	61	53	57	1	122	42	24	33	1
7	汇添富基金	50	41	34	15	3	83	27	20	33	9
8	富国基金	50	41	34	15	0	56	22	14	41	7
9	嘉实基金	32	34	55	40	4	36	28	25	32	7
10	工银瑞信基金	41	37	45	30	0	73	26	11	27	6

"养基"技术哪家强是很难评判的一件事，看规模和看业绩可以在一定程度上帮助我们选择基金公司。但是在投资中有句非常著名的话："过去的业绩，不代表未来。"这句话正确但却无耻，正确是毫无疑问的，而无耻就在于它只是提出问题，而无法解决问题。所以可以把它改为"过去的业绩，不代表未来，可是不看过去，我们还能看什么呢？"

三、基金的掌舵人

上一节介绍了基金公司，本节讨论基金的掌舵人——基金经理。

股市是整个经济的代表，经济在发展，股市长期来看肯定是增长的，平均增长率基本等于GDP和通货膨胀率之和。但是在股市的参与者中，有人拿到了平均收益，有人拿到了超额收益，而有人只拿到了亏损，在对股市长期的观察中，可以得出结论，散户亏了，而基金赚了。

最了解上市公司的一定是上市公司的大股东，或者实控人。很多散户经常煞有介事地说庄家如何如何，其实都不过是捕风捉影，自己吓唬自己。

其次了解上市公司的就是基金经理，他们通过广泛的信息渠道、强大的投研团队、专业的决策能力来弄清楚一家公司值不值得投资。

最弱势的是散户，信息能力不行，专业知识匮乏，整天听风就是雨，胡乱猜测，又非常情绪化，容易亏钱是显而易见的事情。对于普通投资者来讲，积极拥抱基金经理，把专业的事情交给专业的人，是一种非常不错的选择。

首先，基金经理都各有所长，十八般武艺不可能样样精通，有人擅长大盘价值股，有人擅长中盘成长股，有人擅长消费股，有人擅长科技股。而且每个人的精力有限，一般来说，一个基金经理的极限就是密切跟踪50只股票，如果跟踪股票过多，往往就跟不住了，在精力有限的条件下，跟踪数量和跟踪质量成反比。

另外一个很重要的因素就是投资其实非常像狩猎，"狩"字中有个"守"，这说明狩猎不是追着猎物跑，而更多的是做好埋伏，找好位置守着等。如果我们摆好的阵仗是想捕获一头熊，那么突然蹿出来几只兔子，我们可能就会毫无收获，甚至还会带来损失。

一般来说，过去一年业绩非常好的基金经理，接下来一年往往业绩比较差，这是因为他正好擅长抓兔子，而且摆好的阵仗就是为抓兔子准备的，而过去一年的市场风格就是到处都是兔子乱蹿，所以，他过去一年的业绩除了来源于他的能力，还来源于他的运气。而接下来一年市场风格会变，过去涨得多的，往往需要消化或回调，下一个市场风格是瞎熊乱跑，还是来几个大尾巴狼，可能谁都说不清楚。

一个好的基金经理就是一个好的猎人，这个猎人不是样样精通，而是有所擅长，而且在狩猎的过程中懂得坚守自己的风格，而不是一会儿抓兔子，一会儿抓熊，一会儿又抓狼，到头来什么都抓不到。而作为投资者，选择基金经理时就不要被他过去一年的好业绩给迷惑，要透过现象看本质，找到有能力，而且肯坚守自己风格的基金经理。

我们说一个基金经理擅长抓兔子，抓兔子就是在他能力圈内的择股能力，一般来说，基金经理擅长的就是择股能力，也就是基金经理比散户更有能力挖到好的股票。什么是好股票？好股票是指增长潜力大的股票，而不是马上要涨的股票，马上要涨的股票不一定是好股票，而好股票不一定马上要涨。马上要涨的股票可能是"妖股"，一阵妖风过去可能就是一地鸡毛，而好股票不一定马上要涨，甚至可能马上要跌，但只要它的增长潜力大，什么时候涨只是时间的问题。

我们说一个基金经理判断接下来的市场风格是兔子乱蹿还是瞎熊乱跑，这就是择时能力，过往的数据证明，基金经理往往都不擅长择时，这不是说基金经理能力不行，而是择时太难了。基金经理眼观六路，耳听八方，对于择时来说都判断不准，何况散户呢，所以在投资股票时也尽量不要试图去择时，追着不确定性非常强的东西跑，兔子没抓到，还很可能掉进自己挖的陷阱里。

介绍完基金经理的能力圈，接下来介绍怎样选基金经理。

一是看基金管理经验。一个成熟的基金经理，除了具有专业知识以外，还需要经过资本市场一轮轮长期的历练。千万不要相信一个刚晋升的新基金经理可以战胜那些在资本市场里摸爬滚打了十几年的老猎人，我知道这句话对于新基金经理来说是不公平的，就如同招聘市场上的唯学历论一样，学历不代表能力，经验同样也不代表能力。可是我们选基金经理不是为了主持公平，在把真金白银拿出来投票时，我们只相信概率，只要高学历比低学历能胜任的概率更大，经验丰富的基金经理比新基金经理业绩优秀的概率更大，这就足够了。初生牛犊可能是一个非常优秀的基金经理，可是我们没必要拿自己的钱去证明这件事，我们希望基金经理至少经历过一次牛熊转换，见过非理性繁荣，也见过千股跌停。这些经历可以帮助基金经理得意而不忘形，处变不惊。

二是看基金管理业绩。我们知道基金的业绩一般波动都很大，过去一年业绩好的基金，接下来一年往往不太好，所以不能以短期业绩论英雄，过去三五年，甚至十年的基金业绩还是具有一定参考意义的。建议看投资业绩时最好也要看一个牛熊周期，我一般喜欢那种在大牛市行情中略微跑输大盘，在面临大跌行情时回撤少于大盘，在不温不火的行情时可以战胜大盘的基金。在大牛市行情中，涨得太猛的基金是由于持仓过重，而且为了吃到最后一口蛋糕，承担了过高的风险，所以牛市末尾还在猛涨的基金在市场见顶后会跌得最惨。在牛市的中前期涨得多，牛市的后期涨得少，而且大跌时回撤较小的基金，是在市场风险的控制上做得比较好的基金。除了随行就市的业绩表现以外，我更看重在不温不火的行情里能够战胜大盘的基金，市场走我也走考验更多的是风控，而在不温不火的行情里考验更多的是基金经理的择股能力。

三是看基金经理的投资哲学。在基金的介绍中，会有关于基金经理投资哲学的描述，而且很多明星基金经理在公共媒体里都有很多发言，可通过基金经理的观点获悉基金经理的投资哲学，虽然基金经理不一定会言行一致，但是可作为一种参考。也可以用基金的持仓反过来去验证基金经理的投资哲学，言语可以说谎，但是持仓不会说谎。

四、怎样看基金的历史业绩

打开晨星基金网,选择一只基金并打开,你会发现一只基金会有各种各样的表现指标。下面我以"001714工银文体产业股票A"为例,简单介绍如何看懂这张表的重点指标。

收益和风险永远是投资中永恒的话题,也是我们最关心的两个指标。下面先看令我们心动的收益,数据只有在比较中才有意义,前面介绍过晨星把基金进行分类,所以一种比较的方法就是和同类比,工银文体产业股票属于大盘成长股票,另外大盘类的基金一般都会选择一个常用的比较对象,那就是沪深300。在晨星的万元波动图中,可以看到工银文体产业股票A、大盘成长股票、沪深300相对成长指数的走势比较,在近四年的时间沪深300从10 000元涨到了约15 000元,大盘成长股票从10 000元涨到了约20 000元,而工银文体产业股票A从10 000元涨到了约28 000元,可见这只基金的业绩还是非常优秀的。在历史业绩表格中,展示了这只基金每年的收益,以及相对于两个比较对象的相对收益,如果跑赢了比较对象,则显示为正数;如果跑输了比较对象,则显示为负数。在历史回报表格中,展示了这只基金一个月、三个月、六个月、今年以来的回报,还展示了一年、二年、三年、五年、十年的年化回报,另外还有历史最差回报的展示,最差三个月和最差六个月的回报情况(见下图)。

万元波动图　2021-11-30

●工银文体产业股票A　●大盘成长股票　●沪深300相对成长指数

历史业绩(%)　2021-12-03

	今年以来	2020	2019	2018	2017	2016	2015	2014
总回报	10.55	79.06	57.52	-10.16	27.68	15.72	-	-
+/-基准指数	15.23	32.94	7.10	20.17	10.95	31.94	-	-
+/-同类平均	-3.01	14.18	8.76	17.85	14.75	28.83	-	-

历史回报（%）				2021-12-03
当前历史回报　　上月历史回报				
	总回报	+/-基准指数	+/-同类平均	同类排名
一个月回报	0.88	-2.07	-2.39	-
三个月回报	5.57	0.55	-0.13	-
六个月回报	2.26	8.44	-6.54	-
今年以来回报	10.55	15.23	-3.01	-
一年回报	19.46	17.23	-4.82	-
二年回报（年化）	45.71	23.85	3.93	-
三年回报（年化）	44.48	20.43	7.40	-
五年回报（年化）	27.88	18.07	12.65	-
十年回报（年化）	-	-	-	-
历史最差回报（%）				2021-11-30
最差三个月回报				-11.07
最差六个月回报				-13.59

下面介绍风险相关的指标，见下图。

晨星评级			2021-10-31
	三年评级	五年评级	十年评级
晨星评级方法论	★★★★☆	★★★★★	☆☆☆☆☆
风险评估						2021-11-30

	三年	三年评价	五年	五年评价	十年	十年评价
平均回报（%）	-	-	0.00	-	-	-
标准差（%）	19.37	-	18.38	-	-	-
晨星风险系数	7.74	-	8.58	-	-	-
夏普比率	2.00	-	1.37	-	-	-

风险统计		2021-11-30
	相对于基准指数	相对于同类平均
阿尔法系数（%）	19.33	6.82
贝塔系数	0.82	0.96
R平方	81.94	90.05

风险评价			2021-11-30
二年	三年	五年	十年
★★★☆☆	★★★★☆	★★★☆☆	☆☆☆☆☆

晨星星级评价（Morningstar Rating）：在晨星星级评级中使用"晨星风险调整后收益MRAR"指标，该指标前面介绍过，可以简单理解为MRAR=收益-风险，收益为我们喜欢的，风险为我们不喜欢的，喜欢的收益前面为正号，越大越好，不喜欢的风险前面为负号，越大越差。

标准差（%）：反映计算期内总回报率的波动幅度，即基金每月的总回报率相对于平均月回报率的偏差程度，波动越大，标准差也越大。所以，标准差越小越好，标准差越小波动越小，风险越小。

夏普比率：夏普比率是衡量基金风险调整后收益的指标之一，反映基金承担单位风险所获得的超额回报率（Excess Returns），即基金总回报率高于同期无风险收益率的部分。一般情况下，该比率越高，基金承担单位风险得到的超额回报率越高。该指标的本意是如果承担风险就需要在无风险收益的基础上获得额外回报的补偿，它的分子是额外回报，分母是承担的风险，该比值可理解为承担单位风险可以获得的回报补偿，所以，这个指标越大越好，越大说明承担单位风险获得的超额收益更高。比如一只基金承担了10%的波动，获取20%的超额收益，夏普比率就是2，另一只基金虽然获取了30%的超额收益，但是却承担30%的波动，夏普比率就是1，如果单纯比收益，那么毫无疑问第二只更好，但是投资不是单看收益的，在理论上肯定要选夏普比率高的，第一只基金如果想获得30%的超额收益，只需加0.5倍杠杆即可，加完杠杆后波动也只有15%，仍然大大低于第二只基金。

晨星风险系数：晨星风险系数反映计算期内相对于同类基金，基金收益向下波动的风险。其计算方法为相对低风险收益率的基金平均损失除以同类别平均损失。一般情况下，该指标越大，下行风险越高，所以，这个指标越小越好。

贝塔系数（β）：贝塔系数衡量基金收益相对于业绩评价基准收益的总体波动性，是一个相对指标。β越高，意味着基金相对于业绩评价基准的波动性越大。β>1，则基金的波动性大于业绩评价基准的波动性，反之亦然。如果β为1，则市场上涨10%，基金上涨10%；市场下滑10%，基金相应下滑10%。如果β为1.1，市场上涨10%时，基金上涨11%，市场下滑10%时，基金下滑11%。如果β为0.9，市场上涨10%时，基金上涨9%，市场下滑10%时，基金下滑9%。贝塔系数是指系统性风险，它是市场涨我也涨，市场跌我也跌的程度，是基金相对于市场的波动程度，如果一只基金只能赚贝塔，那么它比市场涨得多的原因只能归结为它比市场承担了更多的系统性风险。

阿尔法系数（α）：阿尔法系数是基金的实际收益和按照β系数计算的期望

收益间的差额。举个例子，如果一只基金的β系数为1.1，那么市场上涨了10%，如果这只基金只能赚贝塔，那么这只基金就应该上涨11%，但是这只基金实际上涨了20%，那么20%减去11%，多出来的9%就是阿尔法收益。我们投资基金就是希望基金经理能帮我们赚到阿尔法收益，如果只想赚贝塔收益，完全可以买一只沪深300的指数基金。所以，我们常用阿尔法收益来衡量基金经理战胜市场的能力，衡量一个基金经理是不是厉害，阿尔法系数是一个非常重要的指标。

R平方：R平方（R-squared）是反映业绩基准变动对基金表现的影响，影响程度以0~100计。如果R平方等于100，表示基金回报的变动完全由业绩基准的变动所致；若R平方等于35，即35%的基金回报可归因于业绩基准的变动。简言之，R平方值越低，由业绩基准变动导致的基金业绩的变动就越少。

此外，R平方也可用来确定贝塔系数（β）或阿尔法系数（α）的准确性。一般而言，基金的R平方值越高，其两个系数的准确性就越高。R平方是统计学中的一个概念，它衡量的是这个模型可以多大程度地解释实际情况，前面在解释β系数时说市场上涨10%，β系数为1.1的基金就应该上涨11%，但是现实肯定不是这样的，现实应该是有时涨7%，有时涨15%，这不是牛顿的苹果，牛顿的苹果是可通过科学解释的决定论，而股市的涨跌只是概率论，得出这只基金的β系数为1.1，也只是通过这只基金的历史数据经过统计学分析得出的。既然是通过历史数据得出的，那么它的解释力度就不是100%，R平方就是模型中给出的数值能多大程度地解释实际情况的指标，也可以理解为我们可以多大程度地相信晨星给出的指标数据。

单看某一只基金，它的比较对象就只有同类比较和基准比较。而在选择基金时，很重要的一点是比较不同的基金间谁更优秀，那么我们可不可以直接比较两只基金呢？当然可以，晨星网就给出了基金比较的工具。我以自己非常喜欢的两只基金举个例子，它们是袁芳管理的"001714工银文体产业股票A"和周应波管理的"001938中欧时代先锋股票A"，这两只基金都非常优秀。晨星网在基金对比板块可以同时比较四只基金,在这里只选择了两只基金(见下图)。

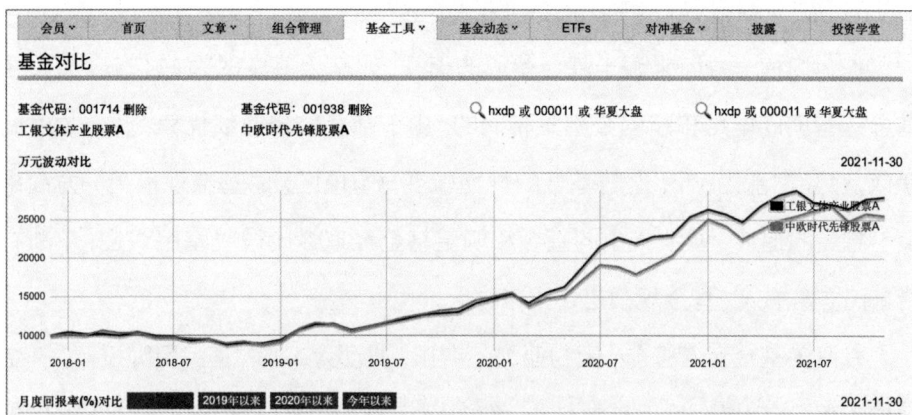

历史回报(%)			2021-10-31
	总回报	+/-同类	同类排名
1个月	0.88	-2.39	-
3个月	5.57	-0.13	-
6个月	2.26	-6.54	-
今年以来	10.55	-3.01	-
1年	19.46	-4.82	-
2年(年化)	45.71	3.93	-
3年(年化)	44.48	7.40	-
5年(年化)	27.88	12.65	-
10年(年化)			

历史回报(%)			2021-10-31
	总回报	+/-同类	同类排名
1个月	0.59	-2.68	-
3个月	-0.07	-5.77	-
6个月	5.00	-3.81	-
今年以来	11.46	-2.10	-
1年	23.56	-0.73	-
2年(年化)	36.93	-4.85	-
3年(年化)	38.99	1.91	-
5年(年化)	27.47	12.25	-
10年(年化)			

五、基金的规模

规模是业绩的敌人。这句话正确吗? 我们不妨来一次辩论。

正方观点:基金规模不是业绩的敌人

基金规模不是凭空而来的,是靠优异的业绩做出来的。一般来说,管理规模大的基金经常来自实力强大的中大型基金公司，经验丰富的基金经理，优秀稳健的历史业绩，比较受基民的认可欢迎。

基金规模一方面来源于基金净值的提升，如基金募集时为20亿元，假设在基金运营期间申购和赎回金额是相同的，由于基金投资业绩优异，几年的时间净值从1元上涨为5元，这时基金的规模就变成100亿元。基金规模另一方面来源于基民的追捧，业绩突出的基金和明星基金经理会比较受基民欢迎，不断有新基民申购加入，基金规模也会快速扩大。

有很多基金运营多年，因为业绩不突出，波动大，所以基民用脚投票，基金规模不仅没有上升，反而越做越小。作为投资者，你会选择历史业绩优异的、规模大的基金，还是业绩平庸的、规模小的基金呢？

反方观点：基金规模是业绩的敌人

对于百亿基金来说，选股会受限制，基金经理只能选择大盘股才能容纳如此巨大的基金规模。如果基金经理发现一个市值几十亿元的优秀标的，可能买一亿元就拉涨停了，而且1%的持仓即使未来市值翻倍对基金整体的业绩贡献也很小。

其次，大基金需要扩充选股数量。规模小的基金可能配置30只股票就足够了，可是对于百亿基金来说，就需要配置更多的股票数量，这对于投研团队和基金经理的精力和能力圈会有很大挑战。

另外，船大难掉头，基金规模过大，操作灵活性会受影响，在调仓换股时会很慢，为了掉头就需要做很大的提前量，不能快速抓住市场变化的机会。

毫无疑问，对于同一个基金经理来说，规模是业绩的敌人。巴菲特的资金管理规模巨大，如果他管理一只小基金，大概率收益率会得到很大的提升。巴菲特1998年在佛罗里达大学的演讲中提到："这项工作越来越难了，我们管理的资金越多，困难越大，假如伯克希尔的规模只有现在的百分之一，我们的收益率会高很多"。但这是一个悖论，因为市场上不存在巴菲特管理的小基金，你要选巴菲特，就要忍受管理规模对于业绩一定程度的侵蚀，如果不喜欢规模大的基金，那你就要接受一个可能很平庸的基金经理。要选明星基金经理，往往管理规模巨大，要选小规模，往往基金经理不知名。明星基金经理会一拖多，那是不是可以买他们旗下管理的规模较小的基金呢？其实管理规模要把同一人下面的基金合并来看，我们经常看到同一基金经理下的不同基金，其持仓股票和持仓比例都非常类似，所以看似小规模的基金，其实也是用的大基金策略，其表现没有本质上的区别。

规模越大管理难度也越大，这对基金经理的能力是一个考验，如果基金经理能不断地成长，不断地进化自己的投资策略，就可以不断地拓展自己的能力圈，适应规模越来越大的基金。基金管理中存在一个不可能三角，规模、超额收益、流动性三者不可兼得，基金毫无疑问都在追求超额收益，所以，需要在规模和流动性上进行平衡，如果规模越来越大，基金经理就要学会牺牲流动性，采用价值主义和长期主义。其实很多明星基金经理都经历了基金规模的大幅膨胀，而且也都完成了自己投资策略的进化和能力圈的扩张，他们在大规模的基础上依然贡献着不错的超额收益。

大基金规模是业绩的敌人，但不是不可战胜的敌人。对基金经理的操作扰动最大的不是基金规模大，而是基金规模的过快膨胀，如果基金规模以适度的速度膨胀，很多优秀的基金经理可以逐步消化，而基金规模过快膨胀，大部分基金经理都会无所适从，如果建仓过慢就会影响整体的基金业绩，如果急于建仓就会面临可选标的和市场冲击的约束。

通过对基金历史数据的观察，基金规模有时会和业绩呈正相关性，有时又呈负相关性，而且对于业绩的影响并不显著，所以，基金规模并不是一个评判基金好坏的可靠因子。小船有小船的开法，大船也有大船的开法，只要基金经理能够适应这种管理规模，不会对投资策略形成明显扰动，就不会有太大的问题。

所以我的观点是，大家不用过分在意基金规模的大小，当然大家也最好不要买规模过小的基金，以免被清盘。

六、"选基"那些事儿

"选基"中有两类错误: 第一类错误为曾经有一只优秀的基金摆在我面前, 我没有珍惜, 失去后才觉得追悔莫及。第二类错误为我曾以为你是个值得托付的基金, 没想到却令我如此失望。这两类错误哪类更严重呢? 错失良人, 令人可惜, 但错过了便错过了。而所托非人, 势必要遭受损失, 这是我们最应该努力规避的。我们研究基金和基金经理就是为了少犯这两类错误, 但犯错是难免的, 在已知条件有限时, 我们要在这两类错误中进行取舍。

选基中我们要遵循什么样的态度呢? 在"选基"时, 要加入很多约束条件, 然后通过基金筛选器选出备选的清单。

在基金筛选器中, 我的选取方式如下, 仅供大家参考。

第一, 三年评级与五年评级均要求3星以上。

第二, 五年期年化回报大于20%, 三年期年化回报大于15%。

第三, 成立日期不低于5年。

第四, 资产净值大于10亿元。

第五, 基金分类, 不选择行业基金。

经过这样的筛选, 即可从几千只基金中过滤掉95%以上, 如果想过滤掉更多, 还可以把条件约束得更苛刻。我为什么不喜欢行业基金, 因为我不想代替基金经理去选行业, 我想把选行业的权力交给基金经理, 我之所以愿意支付基金管理费, 是因为我认为基金经理比我更专业。另外, 我是一个长期主义者, 而行业基金的业绩和市场风向有关, 我也没有能力把握板块轮动的时机, 所以也很少选择行业基金。

接下来在此清单中再剔除那些不符合要求的基金。比如, 这只基金前面的业绩都非常好, 也符合我们的筛选条件, 但是最近刚换了基金经理, 所以, 我们有理由认为这只基金前面的业绩和这位新基金经理没有关系, 新上任的基金经理不一定能延续基金的风格和业绩。另外, 我还喜欢剔除那些小型基金公司管理的基金。

　　然后把剩下的基金按基金分类排序，开始构建投资组合。建议大盘和中小盘，价值和成长都配置一些，具体配置的比例可以根据自己的情况酌情处理。

　　选定要配置的基金类型后，即可对相同基金类型的基金进行比较，晨星基金对比工具可以同时对比四只基金，可以比较业绩、晨星评级、标准差、夏普比率、贝塔系数、阿尔法系数、R平方等指标。也可以对比它们的基金经理，看看基金经理的履历介绍，搜一下基金经理对外表达过的观点，做一下持仓分析，股票持仓的行业，股票持仓的轻重，持仓是集中还是分散，试着理解基金经理的投资哲学和投资策略。然后在同一类型的基金中选择两三只自己喜欢的。

　　建好投资组合后，可以把选好的基金一起放入晨星的组合透视工具中，赋予每一只基金权重，晨星会把你选择的基金打包一起考虑，得出一个最终的结果，如基金的资产分布情况（货币、股票、债券、其他占基金净资产的比例），基金的投资风格分布（晨星九宫格的占比分布），持仓分析（前十大重仓股）。如果对于整体的投资组合结果不满意，可以试着调一下权重，或者调换一下其他优秀的基金。

　　即使我们很小心地选择基金，也难免会有所失误，如果我们只选了两只基金，有一只业绩很差，对整体组合的伤害就会很大。所以，我习惯上同时投资八九只基金，即使有业绩差的基金，也无伤大雅，另外，八九只基金已经足够分散了，我们也不用同时投资太多只基金，基金太多了也看不过来。

　　选择基金的方式很多，也并没有标准答案。其实选择基金只是第一步，在跟踪的过程中，难免会遇到基金的星级下降，基金经理更换等问题，具体的处理方式也是仁者见仁，智者见智。我的习惯是星级从5星降到4星，甚至降到3星，我都不会做任何处理，基金的业绩本来就是波动的，从始至终都能保持5星的基金几乎是不存在的，所以我们要有一定的容忍度，5星的接下来可能会降到3星，3星的也可能马上就会升至5星，追着星级跳来跳去意义没有那么大。如果星级降到2星，就需要查找一下原因，是不是基金经理的能力我们误判了，然后决定是不是有必要调换一下基金。另外，如果基金经理离职了，也可以进行跟踪观察一段时间，并不一定要换基金。

七、基金产品资料概要

基金招募说明书是基金发起人向投资者提供的经证券监管部门认可的法律文件，载明了基金的各种信息与约定，是投资前的必读文件。但这个文件非常长，不同基金招募书的内容也都大同小异，应该很少有人会逐字、逐句地通读全文。

基金产品资料概要提供了基金的重要信息，是招募说明书的一部分，只有三四页的篇幅，可读性更强。

主要内容有产品概要、投资目标与投资范围、主要投资策略、比较基准、资产配置图表、基金历年的净值增长率与同期业绩比较基准的比较图、基金的费用、风险揭示等。

投资范围中需要关注的是本基金股票投资比例占基金资产的比例，一般来说，股票型基金股票比例为80%~95%，而混合型基金的股票配置比例范围却各不相同，举个例子，兴全合润混合为60%~95%，交银优势行业混合为30%~80%，而中欧价值智选混合为0~95%。这些信息在基金产品资料概要中才能读到，而且这些信息非常重要。

如果一只股票型基金，在牛市快见顶时，基金经理即使预判到危险的来临，也无法做到大规模的减仓，因为按基金招募书的约定，它的股票最低配置仓位为80%。而对于交银优势行业混合基金来说，在危险来临前，它的股票仓位有空间减到30%，而当行情好时，它的股票仓位最高也只能到80%。最灵活的是中欧价值智选混合，股票仓位可以减到0，也可以加到95%。基金经理都是在约束下工作的，能够了解到这些约束，就能更清楚地认识到不同基金间收益的差距。

另外需要关注的是基金的投资策略，这对理解基金经理的投资风格有一些帮助，但是也不能全信。

关于基金的收费在前面的章节已讲过，这里就不再赘述了，一方面注意买基金时是买A类，还是C类；另一方面了解一下管理费和赎回费。

第九章

基金投资的正确方式

很多"基民"在基金投资中会遇到各种各样的问题。好学的"基民"会去自媒体网站上搜寻这些问题的答案。但同样的问题，在不同的专家那里会得出不同的结论，而且很多时候这些结论是截然相反的，这反而让好学的"基民"更糊涂了。

如果说什么专业领域里伪专家最多，投资领域肯定会当仁不让。人们对医学和法律领域很少做出评论，而对于投资似乎每个人都可以侃侃而谈。股市是一个神奇的地方，往往最专业的人并不是赚钱最多的，股市浮沉，变幻无常，在短期业绩中小白跑赢专家的概率非常大，所以，就连巴菲特也不免会有很多负面评价，很多人说巴菲特过时了，巴菲特抓不住科技股，巴菲特近一二十年的收益率非常一般。因为投资这件事运气的成分很大，所以，专家也很难说服那些得到了运气垂青的小白，于是小白就成了专家，可以到处荐股，可以发表评论，可以指导他人。

我小时候学小马过河这个故事时就有疑问，如果试一试淹死了怎么办？试一试是有风险的，而这个风险并不是轻描淡写就可以掩盖的。

其实投资也是一样，试一试固然重要，但试一试是有成本的，如果你只拿了一点点钱试了试，那么你可能付出的是时间成本，是机会成本。你花了两三年证明这个机会是可以赚钱的，然后呢？这两三年已经一去不复返，这次机会也已经荡然无存了。如果你拿重金试了试，那么你可能付出的是本金损失的成本，几年的积蓄可能付之东流。所以在投资领域，试一试是行不通的。

我们再谈谈经验，很多人都自称是老股民，经历过大涨大跌。然后就开始"倚老卖老"，描述一些历史现象来标榜自己丰富的投资人生。无可厚非，经验是有用的，但请大家不要迷信经验，不要迷信老股民，仅此而已。投资靠的是知识，靠的是研究能力，那些历史在网上都有，历史数据可以靠模型去跑，经历过千股跌停除了精神上的震撼以外，你可能什么都没有得到，而通过历史数据去构建自己的投资模型，你可能得到的更多。有些人吃过很多药，依然是病人；有些人从没吃过药，但他是医生。我奶奶做了60多年饭，做饭依然不好吃，而有的人学了几个月厨子，就可以去餐厅掌勺了。什么是专业？专业不是一种经历，而是一种训练。

我们谈到了伪专家，谈到了试一试，谈到了老股民。只是想说明一个问题，凡事不可轻信，因为你在网上看到的很多评论都是在描述一个现象，他们试图通过现象来得出一个结论。而我们需要做的是通过数据，通过推理去得出结论，而对于现象，我们需要分析出它背后的原因。要知其然，还要知其所以然。

一、长期持有是制胜的"法宝"

首先，看一看长期持有是不是真的可以赚钱。

美股的历史比较悠久，可以参考的数据也更多，考虑到特别古老的数据可能并不具备代表性，下面以1986年1月至2020年12月的数据为例进行分析。美股有两个指数最有代表性，一个是标普500指数；另一个是纳斯达克100指数。

标普500指数，从1986年1月开盘的211.28点涨到了2020年12月收盘的3 756.07点，35年翻了16.78倍，复合年化收益率约为8.6%，见下图。

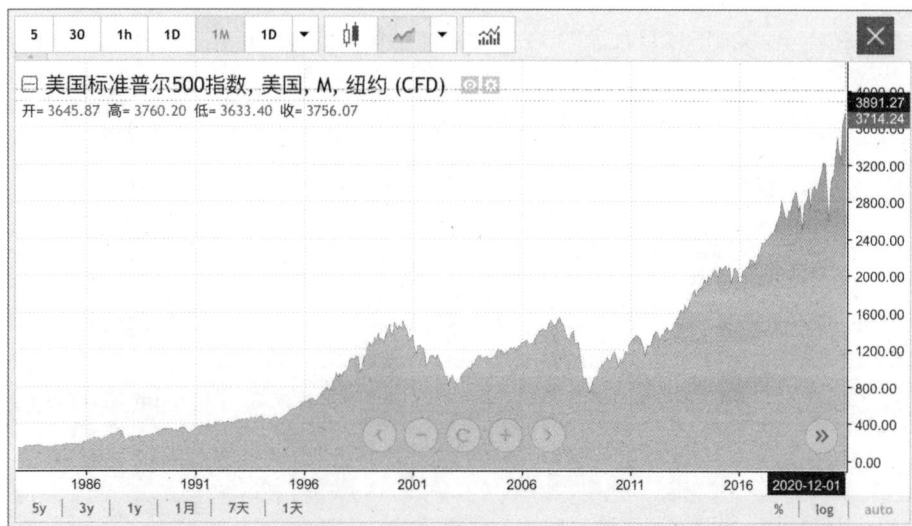

纳斯达克100指数，从1986年1月开盘的132.93点涨到了2020年12月收盘的12 888.28点，35年翻了95.96倍，复合年化收益率约为14%，见下图。

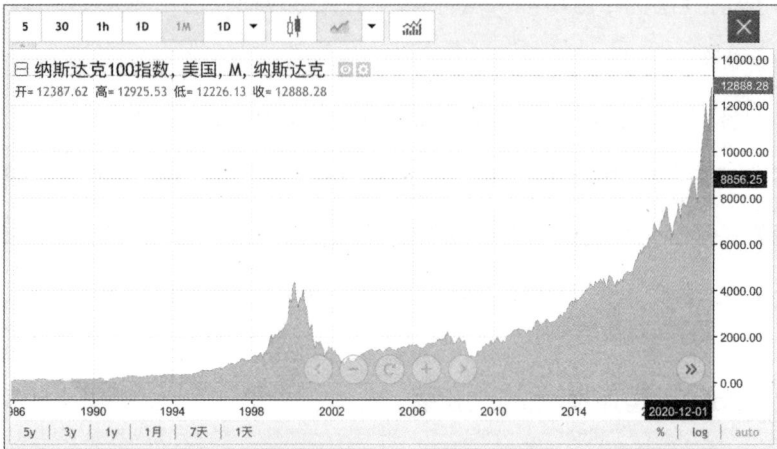

我们再来看一下A股最有代表性的沪深300指数，沪深300指数，是由沪深证券交易所于2005年4月8日联合发布的反映沪深300指数编制目标和运行状况的金融指标，并能够作为投资业绩的评价标准。

下图所示为沪深300指数，取2005年7月开盘的875.93点至2020年12月收盘的5 211.29点，15.5年的时间翻了4.95倍，复合年化收益率约为12.2%。但A股的波动比较剧烈，2008年的峰值至今尚未突破。如果取2011年1月开盘的3 155.56点至2020年12月收盘的5 211.29点，10年间的复合年化收益率为5.14%。

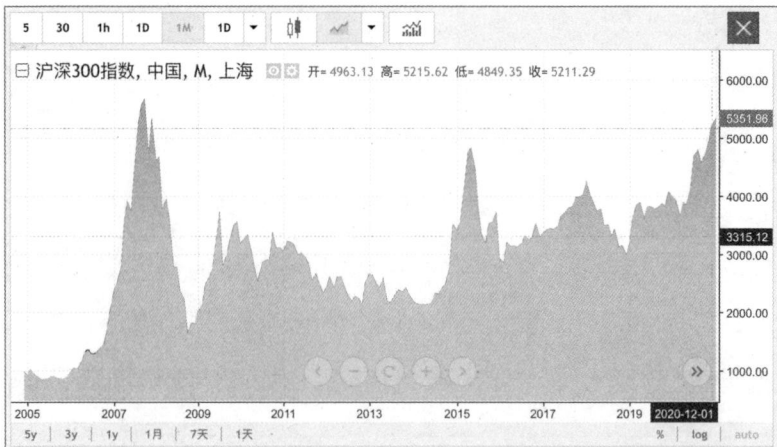

从指数收益率的角度来看，A股和美股的差异并不大，只不过A股并非美股那样的成熟市场，所以波动较大。其实在波动大的市场，更应该选择长期持有的策略，因为在A股追涨杀跌极其危险，一旦站在山顶上，必然是高处不胜寒。而选择一个市场并不疯狂的档口买入，长期持有，A股一样可以获得丰厚的回报。

另外，我是不赞成买A股的指数基金的，A股的参与者由于并不理智，所以，A股中的阿尔法收益比美股要大很多，这也是指数没那么赚钱，而主动基金可以非常赚钱的原因。公募基金富国天惠的走势见下图。

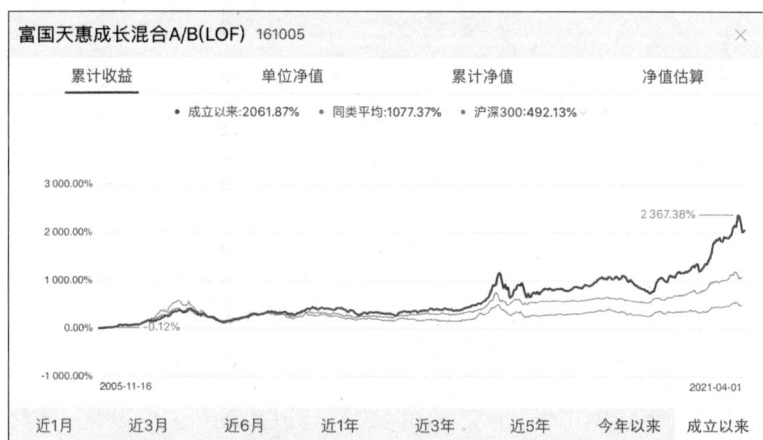

由上图可以看到，在相同的时间中，富国天惠累计收益为2 061.87%，同类的平均水平也有1 077.37%，而沪深300只有492.13%。

通过上面的历史数据分析，可以得出长期持有基金是赚钱的。那么是什么阻碍了我们长期持有呢？我觉得有三点比较重要，一是资金无耐心；二是波段操作；三是朝三暮四。

先说资金的耐心，很多人拿生活费买了基金，也有人打算明年买房或买车，账户里的资金暂时不用，所以买了基金。这类资金属于游资性质。这类资金注定无法与基金"长相厮守"。

再说下波段操作，因为大家都喜欢涨的时候在里面，涨高了以后跑掉，等跌下来再进去。这种理论完美到让人怀疑，如果一直成功，收益率肯定是了不得的,可是为什么大部分做波段的人亏多赚少呢?看收益率走势图似乎很容易看出哪里是高点,哪里是低点,可是事前你真的知道吗?如果你说知道,那你能告诉我下周是涨是跌吗?

下图所示为沪深300指数15年以来的月度涨跌幅,某一个月是涨是跌完全是随机的,我看不出有任何规律。看走势图我们总觉得可以进行波段操作,看散点图呢?你认为下个月是涨是跌有规律吗?

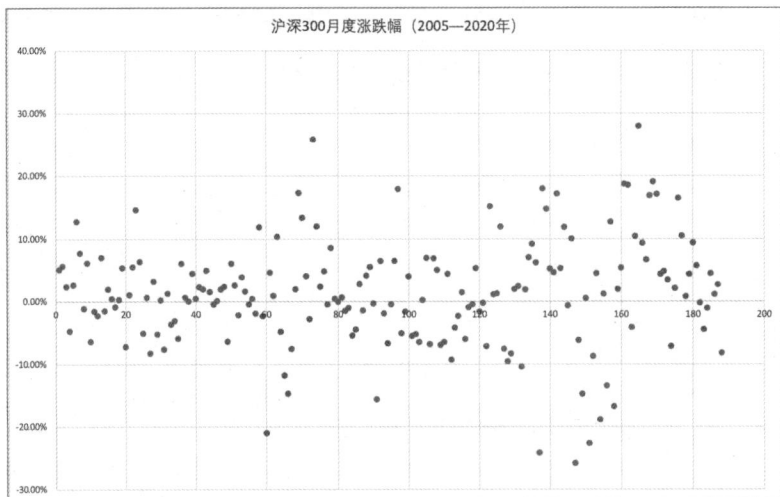

沪深300月度涨跌幅(2005—2020年)

我们再看一下成熟市场,标普500指数35年以来的月度涨跌幅,依然没有任何规律可言,见下图。

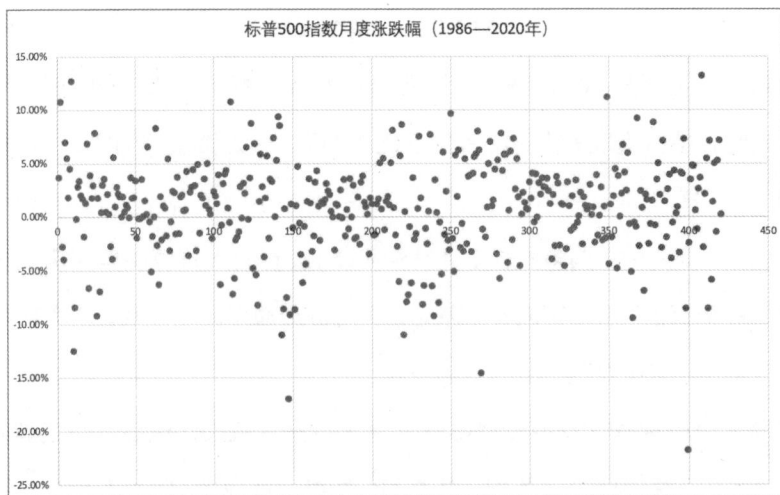

标普500指数月度涨跌幅(1986—2020年)

在股市中，波动是暂时且随机的，而趋势是长期且确定的。这就注定了靠波动赚钱非常困难，而靠趋势赚钱是简单明确的。

最后说一下朝三暮四。很多人总觉得自己手里的A基金涨得慢，而邻居家的B基金涨得快，所以耐不住就换基金了，等基金到手后又发现B基金怎么又不涨了，而同事手里那只C基金涨得快，换来换去最后发现刚开始扔掉的那只A基金现在却涨了。在股市中是存在板块轮动的，首先要清楚我们选这只基金的逻辑是什么，只要逻辑没有变，拿着等即可。这段时间可能白酒涨得好，过段时间可能就切换到医药了，再等等可能就是新能源，追热点是很难追到的，还有非常大的可能买到高点成为接盘侠。每只基金选股的逻辑是不一样的，我们唯一需要做的就是耐心等待，而不是一会儿打狗，一会儿撵鸡，最后一无所获。

二、基金定投并没有那么完美

如果不用判断，简单定投就可以超越市场，这让金融市场上的从业者情何以堪。基金定投只能说是一种中庸的方法，可以赢得小聪明，却很难胜得大智慧。

抽丝剥茧，我们说一说基金定投的常见理论。首先要谈的是微笑曲线理论。

"市场走势是一条微笑的曲线"是微笑曲线理论的基本假设。可是，现实的市场走势是微笑曲线吗？首先对微笑曲线理论进行攻击的为苦笑曲线理论，它指出当市场为苦笑曲线时，你会亏得很惨，而且还可以举出非常多的案例来证明这一点。

其实市场是复杂的、连续的，既不是微笑曲线，也不是苦笑曲线。你觉得它嘴角上扬了，可没扬多久就急转直下；你以为笑得差不多了，可嘴角一翘就翘了很高，而且两三年都不下来；拿1年期来看，好像是微笑曲线，可时间拉长到3年，怎么又变成了苦笑，再拉长到5~10年，你发现既不是微笑也不是苦笑，是情绪飘忽不定的表情。

我们实操模拟一下。

假如我没什么本金，而且收入都来自工资，那么定投是你不得不选择的方式，用不用别人鼓吹，你都只能这样做。

假如你手里有50万元闲钱，如果你打算定投，你是打算把这50万元分成50份投资呢，还是打算分成100份投资呢？这就是操作的问题，这50万元可能会投很久才能入市。比如你2019年初入市，那么你这一年的行情基本上就踏空了，不过赚了点，再如你2018年初入市，那可能你正好投完这50万元，这时候股市也进入低点，而你也没钱了，后续只能靠从微薄的工资中提取一部分去投资，这50万元全部扔在半山腰上，在低位震荡时却是囊中羞涩，这时你的微笑曲线恐怕也不能给你带来多少收益。如果你胆子小，这50万元投得非常慢，分成两三年入市，那么你的资金使用效率会变得极其低。

接下来我们谈一谈越跌越买理论。

基金定投还有一种理论是越跌越买，定时不定额，跌得越多买得越多。理论很丰满，现实很骨感，从理论上讲，如果我们有无限资金，那么我们的投资必胜，可能大家不好理解这句话，先举个例子，越极端越能说明问题。

在牌桌上，庄家都会限制单次的下注金额。为什么会有这种限制呢？我们可以玩个游戏模拟一下。

假如我的资金是无限的，即使我的胜率很低都没有关系，比如你单次获胜的概率是90%，而我只有10%。

第一次我们都押1万元，最后你赢了。

第二次我会押3万元，这次你又赢了。

第三次我会押9万元，这次你又赢了。

我可能前面输给了你很多笔，假如我已经输给你1 000万元了，我一次没赢，下次我会押3 000万元，假如我这次赢了，我除了会把我输给你的1 000万元赢回来，还会把你自己的2 000万元也装到我的兜里。所以，不设单笔下注上限的赌博，即使你再厉害，即使我再傻，只要我有的是钱，最终获胜的肯定是我，因为我只要赢一次就够了。

说完上面的例子，不知道你是否能理解这句话，如果我们有无限资金，那我们的投资是必胜的。

我们再说实操，我们的资金其实是有限的，所以很难走出理论上的这种情况，剩下的只有两种结果，要么是我钱投完了，股市还在继续下跌；另一种结果是股市已经反弹，而我还有大把的资金没有入市。

这和准备一场战斗差不多，因为你无法预判敌人的数量，无法预判战斗的激烈程度，所以你要么弹尽粮绝，然后被敌军屠杀；要么敌军已撤，你没打几颗子弹，错过了最佳的歼敌时机。最后一颗子弹正好打死最后一个敌人，在现实世界是不存在的。

收益有两种：一种是收益的金额；另一种是收益率。如果只追求收益率，而不在乎自己赚了多少钱，确实有这种方式，虽然你的资金不是无限的，但你可以尽量分割成无限多份，比如一次投1元，这样你或许真的可以做到越跌越买，长期下来我可以保你不亏，而且你的收益率会巨高无比，但一次绝好的战斗机会，你的获益可能只有百十来元钱。你赢得了收益率，却输了收益。10万元赚10%是1万元，而1万元赚30%也只有3 000元。我们投资是为了赚收益，而不是为了赚收益率。

所以基金定投并没有那么好，不想学习，不想动脑筋，还想长期获得超额收益，本身就是不现实的。

虽然基金定投没那么好，但其实也没那么坏。我还是认为基金定投是适合小白，适合上班族，适合增量资金入市比较好的方式。

基金定投是因为很多理财号过度鼓吹基金指数定投，把定投妖魔化了，吹得太过了，难免让人嗤之以鼻。相信不需要知识，不需要操心，就可以获得非常丰厚的回报，无疑是幼稚的。其实定投不算是特别好的投资策略，尤其是对于存量资金来说，资金使用效率很低，对于流量资金来说，定投又是你不得不选择的方式。我们还是应该给大众还原一个真实的投资世界。

基金定投肯定不是好的方式，也不是坏的方式，它是一种中庸的方式。它比较适合靠工资这种现金流去投资，基金定投还有一个功能是强制储蓄，会让月光族慢慢养成存钱的好习惯。

三、主动基金VS指数基金

一直存在着主动基金和指数基金之争。其实主动基金和指数基金没有孰高孰低，但是它们却有不同的性格特征，这种性格特征在不同的市场下，不同的时间阶段，表现是不一样的。

指数基金管理费用低，不用频繁调仓换股（交易成本低），流动性好，持仓比较分散（分散性好）。

主动基金管理费用高，调仓换股交易成本高，持仓相对集中，考验基金公司和基金经理的能力，追求战胜市场的超额收益。

下面是我的结论和观点。

（1）在有效市场，指数基金能战胜主动型基金，因为不管价量信息、基本面信息都已经反映到股价中，买什么都一样，这时指数基金管理费用低，基金调仓换股产生的成本低，它的优势就体现出来。但有效市场是一种理想的无摩擦状态，连美股这种现阶段成熟的市场也只能被某些专家称为弱势有效，不过在这种市场下，长期来看，指数基金的优势已经能体现出来，这也是巴菲特说的投资指数能战胜大部分基金经理的原因。而A股市场却像一个孩子一样，价格上蹿下跳，情绪变幻莫测，错误定价可以产生的收益还比较丰厚，在现在的A股市场，我更相信主动型基金可以战胜指数基金，而事实上，主动基金也确实不负众望，为"基民"贡献着丰厚的阿尔法收益。

（2）在大牛市，指数比主动型基金涨得更好，一是因为指数持仓全部都是股票，而主动型基金有仓位限制，还要预留部分现金应对赎回；二是因为A股牛市时，买哪只股票已经不重要，所有的股票都在涨，即使是垃圾股。而在熊市，指数则是表现得一败涂地，因为这时更考验公司的基本面，茅台公司就是比那些垃圾股公司能赚钱，同时基金也可以通过买入低估的公司，等待板块轮动时出手赚钱，而这些都需要优秀的选股能力，这时一个好的基金经理就很重要。

（3）指数基金不等于指数。大部分的指数基金表现都会差于指数，除非是增强型的指数基金。因为指数是没有成本的，而指数基金在跟着指数调仓调权重时需要买卖股票，而买卖股票会产生交易成本。另外，指数基金也要应对赎回，也不可能满仓，此外，指数基金还会收取一些管理费，这些都会影响指数基金在跟踪指数时的偏差。

四、新发基金值得抢购吗

各种理财App的首页一般推荐的都是什么基金？答案是新发基金和热门基金，点进去一般都是大海报，里面充斥着诸如核心资产、优质赛道、龙头、牛股、戴维斯双击、明星基金经理、基金奖、绝佳上车机会等，看得人热血沸腾。

基金销售和商品销售一样，对于卖东西的人而言，永远是卖好卖的，而不是卖好的。

接下来介绍新发基金。

新发基金分为四步：认购募集期、基金成立备案、基金封闭建仓、开放申购赎回。

第一步，认购募集期：在认购期内，投资者提交基金认购申请，至基金成立期间，认购金额享受银行活期利息收益。

第二步，基金成立备案：基金一般会在募集期结束后一周左右的时间成立。

第三步，基金封闭建仓：基金成立以后，基金经理会在3个月内对基金进行投资建仓，这一期间称为封闭建仓期，封闭期内基金不可以卖出。

第四步，开放申购赎回：在封闭建仓期结束以后，开放买入卖出。

如果打算认购新基金，面临的第一个问题是这只基金没有历史业绩，晨星网也不会有这只基金的评级，我们也看不到贝塔系数、阿尔法系数、夏普比率、最大回撤、风格箱等，那么选择这只基金是基于什么逻辑呢？答案是靠网站推荐。

认购新基金没什么好处吗？好处就是一般认购新基金会稍微便宜一点点，如老基金的申购费一般为1.5%，理财App上一般打1折，就是0.15%；而新基金的认购费可能为1.2%，理财App上一般也是打1折，就是0.12%。购买的费率折算一下就是10 000元的投资额可以便宜3元，好像这点好处不足以打动"基民"吧。

认购新基金有什么坏处吗？最直接的坏处就是从募集期到封闭建仓期，这段时间内，"基民"没办法卖出，但是对于长期投资者来说，也不算什么大事。

我们认购了新基金，假如基金还没有进入建仓期，这时大盘上涨了1%，这1%与我们没有任何关系，我们只能拿到活期利息，活期利息可以忽略不计；假如新基金进入建仓期正在建仓，股票仓位只有10%，这时大盘上涨1%，我们的基金可能只涨了0.1%，因为我们的仓位只有1成。建仓是在3个月内逐渐建起来的，再把募集期和成立期算进来，在建仓完成之前，基金的平均仓位可能不足5成，我们以5成来算，相当于我们的钱有约2个月的时间没有发挥任何作用。如果股市在这段时间内大涨，我们就错过了大涨，如果股市在这段时间内大跌，我们也就躲过了大跌。

"牛市买老基，熊市买新基"。这句话的含义只是新老基金在仓位上的差异引起的结果。因为老基金仓位重，手里大部分都是股票，牛市时自然涨得猛，而新基金仓位轻，手里大部分都是现金，熊市大跌时自然比较抗跌。可是我们知道什么时候是牛市，什么时候是熊市吗？而很多时候还是风格分化，有的风格牛，有的风格熊。而事实上，大家是在牛市时买了新基金，而熊市时什么基金都不买，这很容易理解，因为在牛市时是"基民"们热情爆棚的时候，也是新基金发行最狂热的时候。为了说明这一问题，我们一起看一下上证指数的走势图（见下图），2018年上证指数有一个明显的下跌，2019年上证指数从2 440的低点上涨到3 000点以上，而2020年上证指数持续走强，从3 000点左右又持续上攻了六七百点。2018年是权益类基金受伤的一年，而2019年和2020年是权益类基金风风火火的两年。

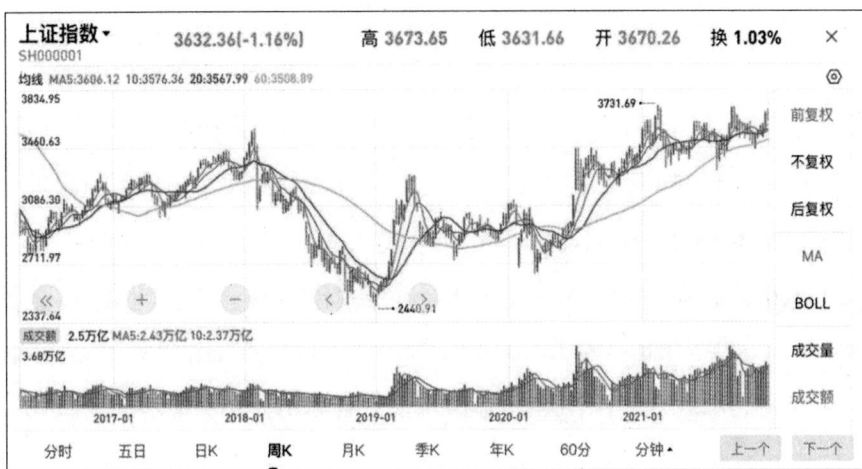

晨星网每年都会发布一篇新基金发行市场回顾的文章，下面的三段文字分别摘自晨星网上的三篇关于2018—2020年新基金发行市场回顾的文章。

"2018年公募基金在发行数量上出现负增长，全年共有566只新基金发行，较2017年减少9.87%。新基金募集总规模达3 943.38亿元，单只基金的平均募集规模为6.76亿元，两者较2017年均出现小幅上涨。2018年A股市场的持续震荡让部分投资者的避险情绪强烈，从而造成新基金募集的分化，形成债基受捧股基遇冷的格局。债券型基金的发行数量和募集规模较上年出现大幅增长，但权益类产品的认购热情普遍较低，混合型基金在发行数量上更是较2017年大打折扣。新基金募集难度增大，爆款基金虽时有出现，但刚过2亿元募集门槛压线成立的基金达近五成，新基金平均募集期较上年也有所延长。"

"在市场回暖、政策支持及基金公司创新不断的背景下，2019年是公募基金的发行大年。截至2019年12月31日，年内共成立1 041只基金，合计募集资金

1.42万亿元，创下2015年牛市后的新高。与2018年相比，2019年新成立的基金数量和规模分别同比增加了23%和61%。具体来看，2019年新发基金市场虽仍由债券型基金主导，但权益型和其他创新基金也均有较大的发展。一方面，债市的持续火爆和股市的回暖带动这两类新基金募集规模大幅上行；另一方面，从6月首批中日互通ETF落地，到9月浮动净值型货币型基金入市，再到四季度商品ETF频发，各类创新型基金产品频频进入投资者的视野。除发行市场整体火热之外，2019年还诞生了多只爆款基金。其中，首募规模超50亿元的基金有77只，是2018年同等规模基金数量的2.14倍。2019新基金平均规模也因此飙升至13.65亿元，较上年同比增长31%。"

"受政策支持、市场向好和公募基金赚钱效应等因素的影响，新基金发行市场迎来超级大年。截至2020年12月31日，年内共成立1 435只基金，合计募集资金约3.16万亿元，较2019发行大年的新成立基金数量和规模分别增长38%和122%，创下公募基金成立以来的历史新高。对比过去三年的数据来看，2020年新发规模已超越2017—2019年的新发基金规模总和。与此同时，2020年新基金市场上爆款不断，新成立百亿基金高达40只，刷新公募基金市场上年度百亿新发基金的数量纪录。"

可以看出，2018年是熊市，按"牛市买老基，熊市买新基"的口诀，2018年大家应该抢购新基金才对，而事实上，2018年权益类新基发行非常惨淡，人们已经对股市失望。而2019年市场回暖，新基金的发行也获得大幅上行。2020年的持续上涨让后知后觉者也开始关注股票市场，新发基金进入了堪称火爆的程度，40只基金新成立即过百亿元。从下图中可以很清楚地看出这些变化，新发基金是否火爆，与股票市场的表现息息相关，股市牛则新发基金火爆，股市熊则新发基金受冷，这和"牛市买老基，熊市买新基"的口诀正好相反。

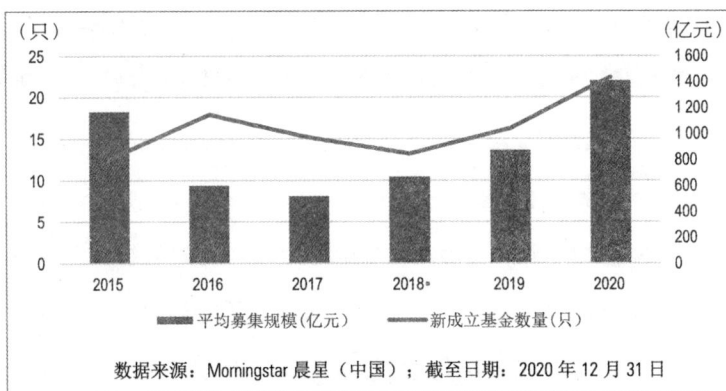

数据来源：Morningstar 晨星（中国）；截至日期：2020 年 12 月 31 日

再举一个例子，周应波是我比较喜欢的基金经理之一，也是公募基金界的一位传奇人物，他首任基金经理发行的第一只基金为"中欧时代先锋"，从2015年底的首募规模2 000万元，增长到2021年底的190亿元规模，基金累计收益率高达350%。周应波也从基金新人变成了管理规模达到500多亿元的明星基金经理。

时间回到2015年11月3日，"中欧时代先锋"成立，这只新发基金并不是含着金钥匙出生的，相反，它可以说是生不逢时。彼时上证指数从2015年6月的5 000多点下跌到2015年10月的3 000点，市场哀鸿遍野，一片惨淡，没有人对周应波这只新发基金感兴趣，中欧时代先锋首募规模只有2 085.56万元，而这2 085.56万元中，周应波以自有资金认购了700万份，基金公司认购了300万份，两者合计持有份额占基金总份额比例为47.96%，这才保住了这只基金。

当新基金受追捧时，往往是市场已经上涨了一段时间，越来越多的人开始关注股票时，这时市场走高，风险正在积聚，这时购买新基金，新基金按照合同约定必须在3个月把仓位升至基金招募书中约定的比例，即使股价已经很高，基金经理也要硬着头皮买，这时的新基金扮演着接盘侠的角色。等发行的新基金都建仓完毕，没有新资金进入市场后，市场往往也见顶了，接下来可能就是"飞流直下三千尺"。在牛市中前期发行的新基金或许还可以吃到大肉，在牛市后期发行的新基金往往是没赶上上涨，却赶上了下跌。

当新基金受冷落时，往往是市场萧条之时，这时的股价比较便宜，非常适合投资基金，而"基民"们却已经心灰意冷。这时买老基金也是一样，新基金只有在股市大跌时才有其优势，已经跌下来以后，新老基金便没有差异，而老基金有历史业绩作为参考，新基金只是一张白纸。

我的观点是不要购买新基金，因为新基金没有历史业绩作为参考，而且资金空闲时间长，买新基金就像选一个盲盒。更不要抢购新基金，因为新基金受到追捧之时，往往是市场在积聚风险之时，买新基金耽误的几个月，往往会错过上涨，而遇到大跌。无论熊市还是牛市，新基金都不是一个好的选择，我们要学会自己主动选基金，路遥知马力，日久见人心。按照自己的方法找那些长期历史业绩优秀，基金经理经验丰富的基金。

五、基金要设置止盈点吗

投资里流行着一句话，"会买的是徒弟，会卖的是师父"，其中有一个非常流行的卖的方式是设置止损点和止盈点，为了避免受到情绪的影响，一切要按纪律严格执行，比如基金下跌达到15%，就要严格卖出，号称止损，而基金上涨达到20%，也要严格卖出，号称止盈。对于这种思想，我不太认同，下面是我的几个观点。

观点一：设置止盈点20%或30%的人是怎么想的，假如基金涨了20%，你把它卖了，那你手里拿着的卖基金获得的钱干什么呢？存银行吗？只要你没离开牌桌，就不存在止盈，你拿着这笔钱是不是还想继续投资？那你买什么？如果还买基金，那你买哪只呢？还会买你刚卖的那只吗？如果还买你刚卖的那只，那你当时为什么要卖呢？送交易费吗？如果不买这只，是因为你觉得刚给你20%的收益的这只不好吗？如果买另一只基金，你又是基于什么认为另一只比你刚卖的这只好呢？机械地设置止盈点是不明智的，除非你的止盈是有依据的。

总而言之，如果你没有下定决心离开投资圈，不管你是否买卖，都只是浮盈浮亏。举个简单的例子，纳斯达克100指数从2009年涨到现在，从1 200点涨到

2021年12月的16 000点，你真止盈20%出局以后，你还上不上车，什么时候上车，因为你已经被你初始投资的那个点位给锚定了，无论你什么时候看都是高点，慢慢地，比你止盈的点高得越来越多，你也越来越不敢买，这样你既中了锚定效应的招，又中了后悔效应的招。

观点二：基金是适合长期投资的，所以你投基金的钱必须是几年都不会用的，投基金和养鸡一样，千万不要做杀鸡取卵的事情，要确保你取出来零花的只是鸡蛋，而那只鸡不仅没被杀掉，还在逐渐长大。要学会接受基金的波动，不要过分担心基金的下跌，投资就是一场修行，一方面要深刻理解投资的本质；另一方面要修养自己的心性，要尽力做到不以物喜，不以己悲，即使面对大跌也要心如止水。莫说是基金上涨20%，即使上涨200%，也要稳坐钓鱼台，不因得意而忘形，也不因担心回撤而惶惶不可终日。机械地设置止盈点只不过是为了安慰自己那颗不安的心，如果心不安定，你就不敢把大额的资金投到基金中，而且基金稍微一跌就赶紧止损，稍微一涨就快速止盈，这不是投资。历史一再告诉我们，躲过下跌往往就会躲过上涨，在2020年，纳斯达克100指数从9 600点跌到6 800点，跌幅近30%，其间下车的投资者，又有什么机会能体验到纳斯达克100从6 800点高速"行驶"到16 000点的旅程。

观点三：稍微笨点儿但有效的方式，学会选基金，找到那些近五年都是五星的好基金，而且基金经理稳定，且经过时间考验。然后选择相信，永远定投下去，坚持10年、20年、30年，等我们退休时，会发现我们很有钱，因为复利的力量是很大的。中间需要我们关注的只是这只基金是不是还是四星、五星的好基金，这家基金公司整体是不是还是很有实力，基金经理有没有离职。我们需要关注的只是我们的管家是不是有能力而且勤勉尽责，而不是靠我们那点微薄的金融知识胡乱折腾。拿稳了，接受那些回撤，长期下去绝对会比机械设置止盈点的收益多。

观点四：如果认为自己是爱学习的青年，可以选择一下择时，但择时是大的择时，是看大盘子，看大时段。看整体的A股是不是被高估了，上证50、沪深

300、中证500是不是被高估了，是否高估主要和这些指数历史的平均PE和PB比一比即可，给自己设置条线，比如高于平均线多少时减多少仓，低于平均线多少时加多少仓。单看某只股票的PE是意义不大的，懂财报的人都知道净利润太容易出问题，但大盘的PE是加权平均的结果，不是随便可以操纵的，还是非常具有参考意义的。

观点五：重复观点二，基金适合长期投资，等你的鸡每天能下两个蛋时，你可以拿出来一个做零花钱，在你的鸡连一个蛋都下不了时，最好一分钱都别往外拿，你在鸡上的索取，必须不能影响鸡的成长，因为根据复利，它下的蛋会越来越多，你到时候可以拿的零花钱也会越来越多，所以它的成长非常必要，千万不要杀鸡取卵。基金适合长期投资，如果做不到就别碰它。

观点六：我一直认为会买的才是师父，只要你买的不贵，而且愿意长期持有，赚钱只是时间的问题。基金短期内涨涨跌跌，这是不确定性，而基金长期上涨，这是确定性，大家不要把精力花在不确定性上，要把精力放到确定性上。把确定性的事情做好，这是有规律可循的，而掌握规律才能经得起时间的考验，只有心里有底时，我们才敢把大部分的资产拿来投资。机械地以20%设置止盈点没有任何道理可言，止盈无非是基于两种想法：一种是认为赚钱靠运气，能赚仨瓜俩枣就满意了，不玩了；另一种仅仅是为了给自己立个规矩，无论是输200还是赢200都必须离开。真正的投资是买的时候就已经赢了，而不是胡乱买一个，然后寄希望于在更高点卖出去。孙子兵法曰，胜兵先胜而后求战，败兵先战而后求胜，"会买"是先胜而后求战，而寄希望于"会卖"则是先战而后求胜，谁是胜兵，谁是败兵，谁是师父，谁是徒弟由此可见。

下面是一些关于止盈常见的犀利提问，我也做了相关回答。

（1）如果我不取出来，再投进去，怎样产生复利？

答：基金是每个交易日结束后都有结算的，你可以理解为日复利，就是昨日的盈利会变成今天的本金，和取不取出来没有任何关系，你频繁赎回还要支付赎回费，持有期限越短赎回费率就越高。

（2）作者说把基金卖了拿着钱干什么，我把基金卖了买肉吃，它不香吗？

答：你连买肉的钱都没有，就不要投资基金了。投资用的是闲散资金，比如我们每个月有工资收入，每个月也会有生活支出，但是月收入比月支出多很多，多出来的叫作现金流盈余，我们投资用的是盈余资金，不是从肉钱里省下来的。我们的原则是不卖基金，照样每天吃肉。

（3）投资是一辈子的事，真就一辈子不取养着呗，那么我投资干吗？我投资赚钱不就是为了花吗？

答：投资赚钱当然是为了花，而且是为了花得更多，为了更远大的目标。我说的不要杀鸡取卵，并不是说一点儿都别卖。比如我们有100万元的基金，平均一年20%的收益，我们去年赚了20万元，取出来10万元花，我们既有钱花，我们的基金还没有被"杀"掉，还从100万元变成了110万元，还是20%收益，我们接下来的一年就能赚22万元。取卵可以，尽量不要杀鸡。

（4）止盈后，等跌下来了，我再继续买，做波段都不会啊？

答：我知道很多人2020年都没赚到钱。主要原因就是2020年涨了20%以后，他们止盈了，然后基金并没有跌，接着又涨了20%，他们坐不住了，然后又开始小额买入了，基金还在涨，他们担心错过这次行情，然后越买越多，最后大把的资金买在了2021年初，春节后基金下跌20%，前面赚的钱全吐出去了，还亏了很多。如果你去年一直持有，很多基金都涨了百分之七八十，即使吐掉20%，依然还有很大的盈利。机械止盈最终只会使你走上追涨杀跌之路。

六、春夏秋冬投资法

我们一直在强调买基金要长期持有，可是在长期持有的过程中需要注意什么，或者有没有什么方法可以增厚我们的回报。有一种方法，我习惯称为春夏秋冬投资法。

简单来说，可以把市场分为四季，春暖夏热秋爽冬冷。

有时市场会过热，犹如炎炎夏日，过多的资金流入市场，新股发行过会率提高，新基金发行瞬间抢购一空，股价在躁动中上涨，10元的东西可以卖20元，各种好消息传来，仿佛都在炒股，到处都是谈论股市的声音，股市还在上涨，仿佛永远没有止境。

有时市场会过冷，犹如瑟瑟寒风，股市毫无起色，所有人都躲起来，没有人相信股市会复苏，那些被套牢的人甚至卸掉炒股软件，眼不见心不烦，新股发行很少，因为这实在不是一个很好的发行时机，新发基金也无人问津，资金募集非常困难，10元的东西，5元都没人买，很多股票甚至跌破了净值，一些公司即使分红高于定期利息依然备受冷落。

在极冷与极热之间，就是温度适宜的春秋，股票既不贵也不便宜，经济在常态发展，一切都按部就班，市场涨涨跌跌一年下来略有所获。

春夏秋冬投资法就是在市场过冷的冬季逐渐买入，而在市场过热的夏季逐渐卖出。市场变冷的过程也是风险化解的过程，每多跌一元就会多积聚一分未来反弹的势能，这时应该越跌越买，每多跌一元就多加一份仓。市场变热的过程也是风险逐步积聚的过程，每多赚一元就会多承担一分下跌的危险，继续持有犹如火中取栗，为了降低风险，每多赚一元就应该减去一份仓。

春夏秋冬投资法本质上是利用周期来投资。因为市场总是从过冷走向过热，然后再从过热走向过冷，每隔几年就会走出这样一个周期，虽然每一次的路径和经历的时间并不相同，但是基本的特征都差别不大，无数事实告诉我们，历史不会简单地重复，但总是惊人的相似。市场的短期涨跌如同气温一样，短期内的涨涨跌跌都很正常，昨天23℃，今天24℃，并不意味着明天就是25℃，明天也可能只有19℃。如果平滑掉这些涨涨跌跌，我们会发现市场的长期更像是四季，并且市场在四季上要分明很多，即使四季可以分辨，但有时我们也不免会感慨这个冬天不太冷，而这个春秋为何如此漫长，这个夏天却超出预期的热，所以，要想在最低点买入和在最高点卖出也似乎是不可能的事情，我们只能做到在春秋就买，而在冬季大胆买，在夏季比较热时就逐渐卖，而在很热时就狠心卖。

春夏秋冬投资法也是一种逆向投资思维，逆向投资和趋势投资是一对相对的投资概念。追涨杀跌就是指趋势投资,趋势投资认为好势头会保持下去,前面涨得好的会继续好,所以,趋势投资是一种锦上添花的投资方式,趋势投资在短期内可获得比较好的收益,但是其弊病就是你不知道什么时候市场反转,而市场反转时会一泻千里。

逆向投资就是在别人都不看好市场时买入,而在别人都在为市场狂欢时卖出,高抛低吸就是指逆向投资,逆向投资相信盛极必衰,物极必反,水满则溢,否极泰来,风水轮流转,三十年河东,三十年河西,相信四季更替。所以,逆向投资是一种雪中送炭的投资方式,逆向投资需要有三心:对自己判断的信心,在别人不看好时购买的决心,买后长期等待的耐心。逆向投资还有另外一层含义就是与众不同,别人疯狂时我恐惧,别人恐惧时我贪婪,下面这张图大家可以体会一下。

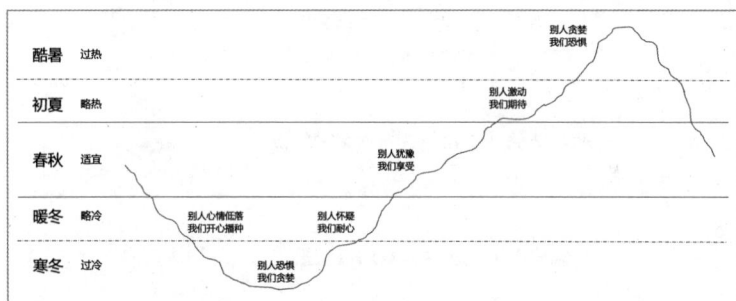

简单而言,春夏秋冬投资法就是在市场低估时买入,而在市场高估时卖出。过冷(市场低估)时,就是冬季,我们选择买入;过热(市场高估)时,就是夏季,我们选择卖出。基于两点我们会把买点提前,而把卖点滞后,一是市场长期是上涨的,即使市场是春秋和暖冬,我们也一样需要不断买入,因为很可能市场不会经过过冷就会进入温度上升周期,早一点开始买入损失的最多是时间,而踏空损失太大了,这是逆向投资者绝对不允许发生的事情,所以长期重仓也是这种方法的特点。二是四季周期比较漫长,潜伏一次并不容易,而市场又具有惯性,所以,我们不会市场刚进入高估区就仓皇卖出,而是要适当享受泡沫的形成,重仓特性加适当泡沫会让我们在这一个周期赚到更多,当我们感觉泡沫有点危险了再开始卖出也不晚。

市场的过热和过冷,高估和低估如何判断?知道了这种思维方式,而不会判断四季,也无济于事。判断四季的方法也可以被称为市场估值,下面介绍三种常用的市场估值方法。

(1)市场PE/PB估值法。因为很多基金常常以沪深300指数为业绩比较基准,下面也以沪深300为例,看一下市场如何估值。可以用历史PE分位数来判断市场是否被高估,如30分位以下为低估区,30分位与70分位之间为合理估值区,而70分位以上为高估值区。在合理估值区可以正常买或者定额定投,在低估区可以大胆买入或者加倍定投,在高估区停止定投享受泡沫,然后择机卖出(见下图)。

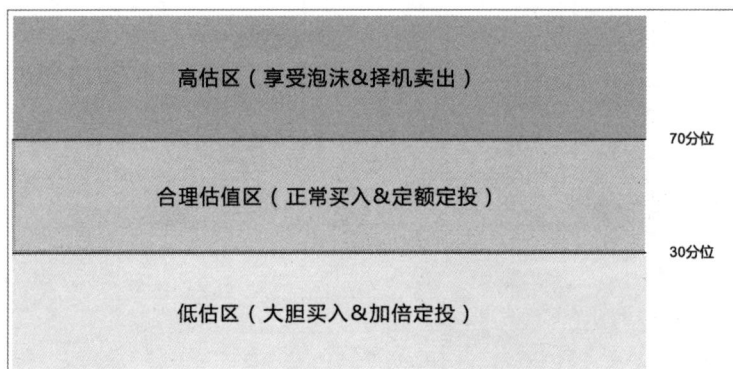

高估区(享受泡沫&择机卖出)	
	70分位
合理估值区(正常买入&定额定投)	
	30分位
低估区(大胆买入&加倍定投)	

对于普通投资者来说,要想获得历史数据并且通过编程方法跑出估值分位数太难了,好在一些投资理财App有类似的功能,如蛋卷基金。蛋卷基金有一个板块为指数估值,主要是为帮助大家了解市场估值情况,挖掘低估投资机会。下图所示为沪深300的PE估值走势,并以30分位值、中位值和70分位值线作为参考,从图中可以很容易看出历史估值的变化和现在的估值水平。沪深300的市场估值图可以指导我们投资沪深300指数基金或者投资以沪深300作为基准参考的以大盘股为主要投资对象的宽基金。

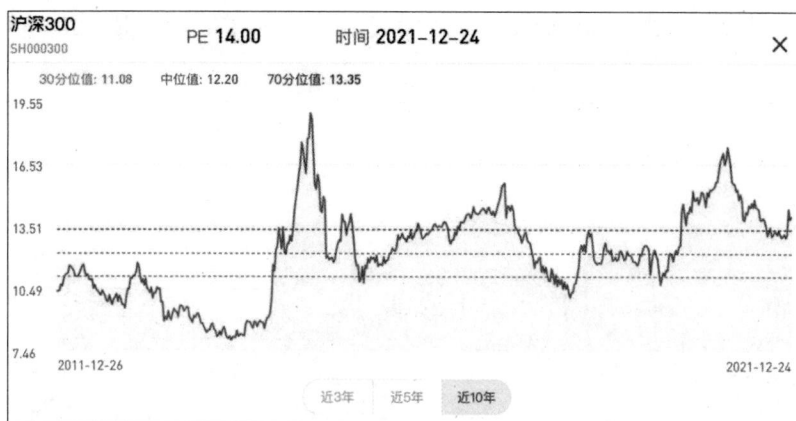

蛋卷基金除了参考历史分位值以外，还引入了PE的绝对值作为参考，共同作为是否高估的依据（见下图）。

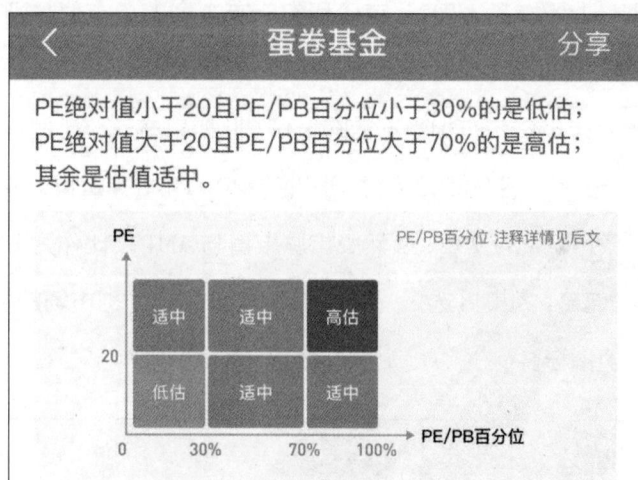

对于购买宽基或大多数行业的指数基金，一般使用PE百分位进行估值。而金融、周期、重资产重工业行业一般使用PB百分位估值，尤其是金融行业的银行股，非常适合用PB进行估值，这是因为银行的净资产基本上都是钱，它是以钱为生产资料的盈利模式。下面以中证银行指数估值为例，目前（截至2021年12月24日）中证银行指数的PB只有0.63，相当于我们出0.63元就可以买到银行1元的净资产，而银行的净资产基本就是钱，其实就是我们拿0.63元买了银行的1元（见下图）。由此可见，市场对于银行有多么悲观，如果我们相信物极必反，相信市场过冷了,那么现在就是一个不错的布局银行指数投资的机会。

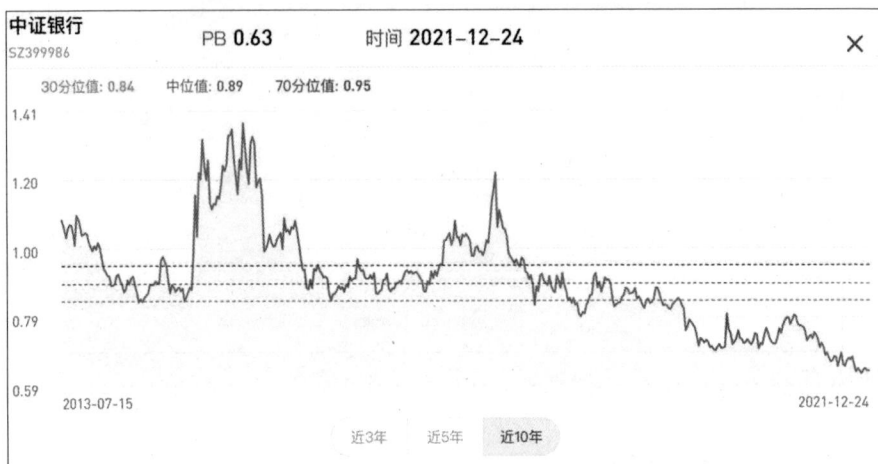

(2)巴菲特指数(见下图)。美股所有上市公司的总市值与国民生产总值(GNP)的比值。巴菲特认为,若两者间的比率处于70%~80%,这时买进股票长期而言可能会让投资者有相当不错的报酬。但如果在这个比例偏高时买进股票,就等于在"玩火"。这一理论来源于巴菲特2001年在《财富》杂志上发表的《巴菲特论股票市场》的文章,虽然股市总市值与GNP之比作为分析工具有其自身的局限性,但是,如果只选择一个指标来判断任何时刻市场的估值水平,则它可能是最好的指标。

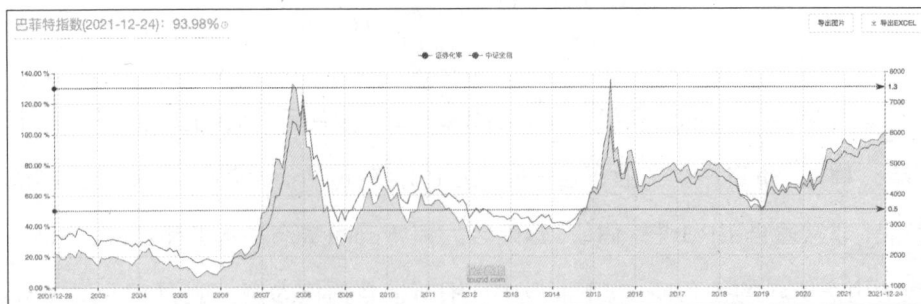

对于美国和中国而言,GDP和GNP的差额其实很小,所以,也经常使用上市公司总市值与GDP的比值作为巴菲特指数,而这个指标还有另外一层含义,那就是一国的证券化率。由于中国的股市历史较短,一直在扩容阶段,在2007年以前

的证券化率非常低，拉低了证券化率的均值，不太具有参考价值，而随着中国经济的发展，上市公司越来越多，中国的证券化率也已经并不低了。

中国的证券化率怎么看，是一个非常有意思的问题。中国的证券化率统计有两种观点：一种是A股口径，认为中国的证券化率为以A股的上市公司总市值除以GDP；另一种是全口径，认为中国的证券化率为沪市+深市+在港股+在美股的上市企业的总市值除以GDP。看起来，全口径的统计方式更为科学，但是如果用全口径的证券化率去判断A股的估值又显得有失偏颇，非A股的中资股的股价却影响A股的市场估值，这似乎并不合理。我的观点是最好使用A股口径的证券化率去判断A股的估值水平，但是可以降低证券化率的参考基准，如美国以70%~80%的证券化率作为参照，A股可以以50%~60%的证券化率作为参照，如果证券化率低于60%，可以认为A股进入了比较好的布局时机。60%这个数值是否合理，只是我们对于现在的一种大致感觉，随着历史数据越来越丰富，证券化率均值逐渐趋于稳定，我们的参照点也需要与时俱进。

下图所示的数据来自投资数据网，可以看出证券化率走势和中证全指的走势非常一致，而且证券化率的整体走势是逐步走高的，从2007年以前的长期低于40%，发展到2009—2015年的平均50%，再到2015年后的长期高于50%。所以必须要以发展的眼光看待中国的证券化率指标，如果想找证券化率低于40%的投资机会，恐怕永远都等不到。

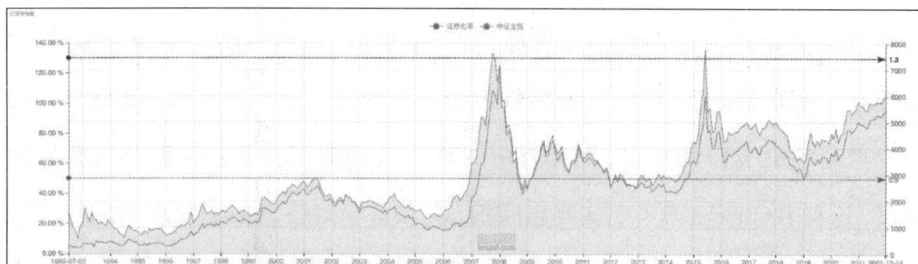

中国的证券化进程还没有走完，但是证券化率已达到很高的水平，其中一部分原因是，投资者给予了A股更高的市场预期，在过去的20年，中国经济突飞

猛进,市场更愿意给出高的市场预期和市盈率,这也是为什么A股相比于H股存在很大溢价的原因。由于AH股溢价的存在,恒生指数有限公司还专门创造了一个指数——恒生AH股溢价指数(见下图),指数以100为基准,当指数大于100时,A股相对H股有所溢价,如果该指数为120,则表明A股相对H股的整体溢价水平为20%。从近10年的数据看,AH股的溢价指数在130左右波动。这种溢价是长期存在的,A股也不能就此定义为被高估,所以从长期来看,A股维持比较高的证券化率可能也是一种大概率事件。

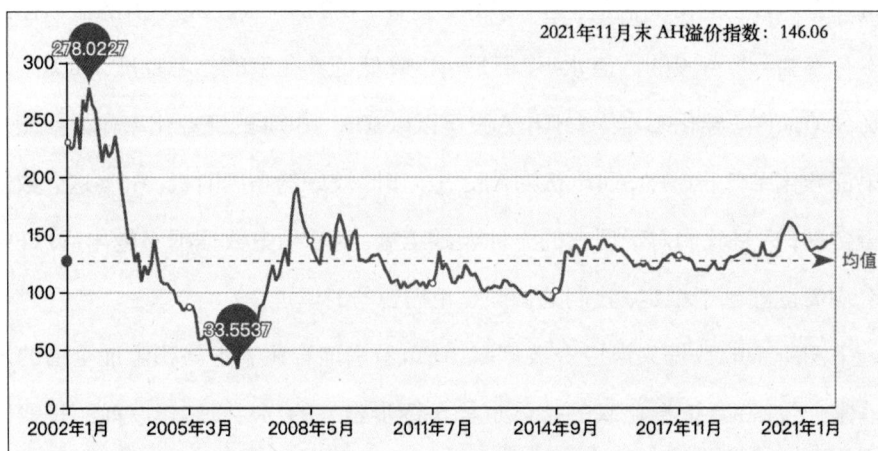

（3）格雷厄姆指数。格雷厄姆是巴菲特的老师,对于巴菲特早年投资理念的形成帮助极大。格雷厄姆认为市盈率指标远远不如盈利收益率指标直观,市盈率为P/E,而把市盈率倒过来就是盈利收益率E/P。明白一只股票的盈利收益率是5%的实际意义,要比认识到同样这只股票的市盈率是20倍的实际意义要容易多了。格雷厄姆指数假设公司的分红比例为50%,就是公司会拿出盈利的50%作为分红,而另外50%作为公司的留存收益帮助公司更好地发展,这样我们既获得了现实利息回报,又获得了对公司未来发展的期待。

格雷厄姆指数为盈利收益率与十年期国债收益率的比值。当这个指数大于2时,格雷厄姆就认为市场出现了较好的投资机会。为什么呢?因为如果假设市场按50%的平均分红率,意味着我们在这个位置的买入,至少能获得不低于国债的收益率（防守逻辑），而且我们还获得了长期的上涨期权（进攻逻辑），此时时间价值在我们的手上，长期持股风险较低，预期获得收益的概率较大。

下图所示的数据来自投资数据网，可以看出格雷厄姆指数与市场走势形成非常强的负相关性，当格雷厄姆指数高于2时，都是不错的买入时机，而截至2021年12月24日的格雷厄姆指数为1.81，已经是一个非常接近买点的数值了。

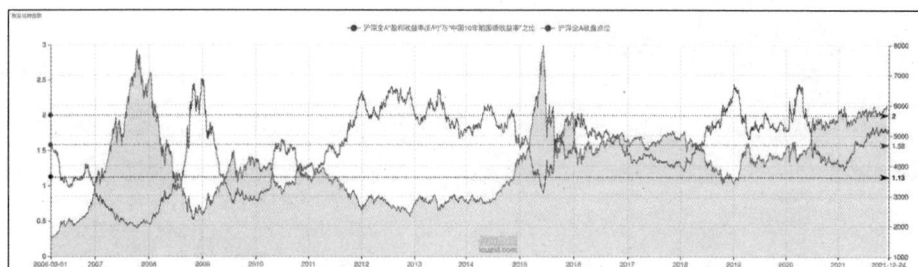

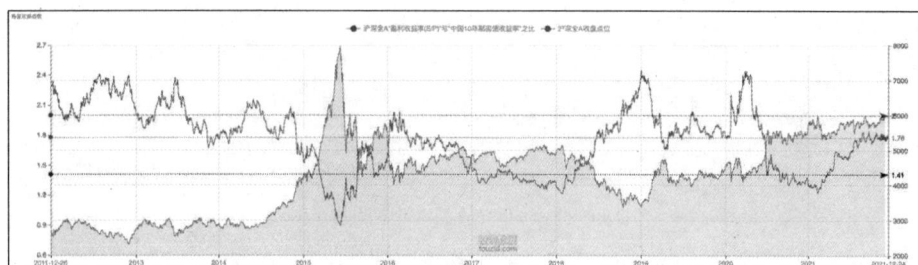

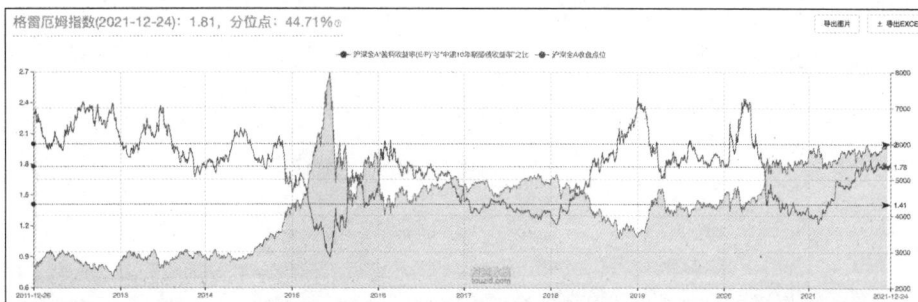

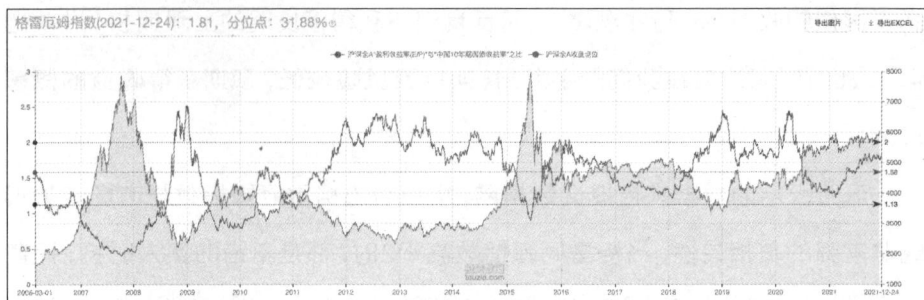

格雷厄姆指数(2021-12-24): 1.81，分位点: 31.88%

以上介绍了三种评估市场估值的方法，当一种方法给的指示不是很明确时，可以用其他两种方法进行补充核验，如果三种方法都指向了市场低估，那么就可以毫不犹豫地布局投资了。

第十章

防守是为了更好地进攻

我们希望世界和平,希望经济稳步增长,希望人生能够顺风顺水,希望自己和亲人能够健康长寿。然而事物的发展从来不以个人的意志为转移,人有悲欢离合,月有阴晴圆缺,此事古难全。人活一世,有些事情是我们不得不面对的,如温和的通货膨胀,应急的花费,生老病死;有些事情是有可能发生的,比如恶性通货膨胀、战乱、意外事故、丧失劳动能力。基本的人生保障就是要未雨绸缪,确保有些事情发生以后,还可以尽力保留住自己的财富,从容面对,不至于影响自己以后的人生轨迹。

除了那些不好的事情之外,人生也可能会遇到一些机遇,当有绝佳的投资时机时,我们有一部分储备资金,或者叫"后卫队",可以随时奔赴前线,就可以抓住这次机会。古代有一种兵制为府兵制,该制度最重要的特点是兵农合一。府兵平时为耕种土地的农民,农隙训练,战时从军打仗。家庭的资产配置也是一样,钱就是兵,不可能把所有的钱都投向资本增值的前线,也需要一些可以灵活调度的储备队,平时耕作,有需要时调往前线。

人生从资产配置的角度来说,后军需要承担三个角色,分别是压舱石、蓄水池、救生艇。

(1)压舱石是船只用于稳定重心的石头,没有压舱石,船的重心较高,在遇到风浪时极易翻船,所以压舱石是为了稳。在资产配置中,房产是最重要的一种压舱石,有恒产者有恒心。一是房地产本身有一定的抗通胀属性。从短期来看,房地产价格的波动可能和CPI指数的相关性并不大,但是从长期来看,10年、20年、30年,房产抗通胀的属性非常强。二是房产是我们内心安宁的后盾,也可以作为我们最后的生活保障。除了房地产以外,贵金属,如金银,也是一种常见的压舱石,但是作为无法生息,也没有具体实用价值的资产,它们的地位相对于房地产来说还是比较弱的。

(2)蓄水池涝时可以用于储水防洪,旱时可以用于放水灌溉,平时还可以养养鱼，所以蓄水池是为了灵活。在资产配置中债券和货币基金是比较常见的蓄水池。蓄水池可以存水也可以放水，当我们有多余的钱，却没有好的投资渠道时，可以把它们存到蓄水池中。当我们突然发现一个好的投资机会，或者需要应急支出，而自己又不舍得卖出其他资产来筹措资金时，可以放出蓄水池中的资金。蓄水池的资产必须具备低风险和高流动性，低风险在这里是指低回撤或低波动率，这样资产可以时刻保持它的价值，我们在急需钱时就不会贱卖。高流动性是指资产的变现能力要强，是不是点点鼠标就可以很快变成现金，股票的流动性就好，房产的流动性就差。对于个人投资者来说，债券的投资门槛很高，但是可通过配置债券基金来实现，债券基金一般很少亏钱，每年或多或少都可以获得一定的收益，由于低回撤和波动小，我们在急需赎回变现时也不会有"割肉"的感觉，赎回操作后，一般两三天就可以拿到资金，时间也可以接受。货币基金常见的就是余额宝，收益率会更低，波动性也更小，余额宝提供即时赎回的服务，可以随时消费支出或转出，使用起来和钱包没什么区别。

（3）救生艇是设于船上，供船失事时救援人员用的小艇。救生艇只是为了应对意外，所以它平时没什么用，也被很多人忽视，但是在关键时刻它可以救人性命，所以，救生艇是为了有备无患。在家庭或个人资产配置中，救生艇就是指保险产品。比如车险和重疾险，我们可能一辈子都用不上，很多人会认为这笔钱白花了，可是真的有车祸或重疾降临时，它却可以最大限度地降低我们的损失。

在日常生活中，我们可以进行进攻型资产与防守型资产配置，见下表。

面 对	应 对					
	进攻型资产配置		防守型资产配置			
	股 票	权益类基金	房 产	贵 金 属	债券基金／货币基金	保 险
长期资本增值	√	√				
温和的通货膨胀	√	√	√	√	√	√
恶性通货膨胀	√	√	√	√		
战乱			√	√		
意外事故						√
生老病死						√
应急支出					√	
投资机会					√	

介绍完防守型资产的三种角色，下面介绍一下资产的四个性质，分别是收益性、安全性、流动性、相关性。

在经济学中有个著名的不可能三角，即一个国家不可能同时实现资本的自由流动，货币政策的独立性和固定汇率。一个国家只能拥有其中的两项，而不可能同时拥有三项，这就是不可能三角。在投资理财中也有这样一个不可能三角，分别是收益性、安全性和流动性，即高收益、低风险、高流动性三者不可兼得。

股票的收益性高，流动性好，但是风险大；债券的风险小，流动性好，但是收益小；房地产的收益性适中，风险适中，但是流动性差；私募股权的收益性高，但风险大和流动性差。

对于进攻型资产，一般都会选择高收益，而对风险和流动性选择某种应对策略或者做出某种妥协。如股票，为了降低个股风险，可以采用投资组合的方式，把个股风险分散掉，基金控制单只股票的持仓不超过10%，而同时持有几十只股票就是这个道理。

除了个股风险之外还有系统性风险，系统性风险分为两类，一类是本金永久损失的风险，如上证指数曾经涨到了6 000多点，如果在那个时点买入，要承受的是本金永久损失的风险，这种风险可通过估值的方法来避免，甚至还能加以利用，当股价过分高估时减仓，当股价过分低估时加仓。

另一类是股市短期的波动，这个短期并不是绝对意义的，它可能两三个月，也可能一年或两年，对于这类风险我们采取的策略是长期持有，主动牺牲流动性。股票是一个很有意思的资产，对于很多散户来说，它提供的高流动性并没有增加散户赚钱的概率，反而把他们拖入了频繁交易的泥潭，它告诉我们这样一个道理：再好的东西，如果我们不需要，也不要贪恋。

低风险和高流动性资产很多时候用于防守，除了保值和应急以外，还可以作为资金的缓冲池，当需要钱时就从里面取，当不需要钱时就往里面存。

不可能三角中介绍了三个特性，另一个特性是相关性，与股票之间的相关性。如果股票涨，它也涨，股票跌，它也跌，那么它就不是一个好的防守型资产。

我们常说不要把鸡蛋放到一个篮子里，如果我们买了贵州茅台，又买了五粮液，看起来我们是把鸡蛋放到了两个篮子里，但这两个篮子的相关性太强了，这两个篮子是放在同一个推车上，如果这个推车翻了，还是会一无所有。要达到风险分散的目的，资产与资产之间越不像越好，如果多少有点儿负相关，那就更好了，如股票和债券，都说股债有跷跷板效应，股票涨，债券可能会跌，股票跌，债券可能会涨。除了债券以外，房地产、贵金属和古董之类的资产与股票的相关性也较低，也可以作为防守型资产进行配置（见下表）。

性 质	配 置					
	进攻型资产配置		防守型资产配置			
	股 票	权益类基金	房 产	贵 金 属	债券基金 / 货币基金	保 险
收益	高	中 / 高	中	低	低	负
风险	大	中	中	中	小	无
流动性	好	好	差	好	好	无
相关性	高	高	低	低	低	无

人生不是赌博，每个人都输不起；人生也不是游戏，没有重新开始的机会。做好防守，并不是对资金的浪费，防守是为了更好地进攻。

一、房产——家庭财富的压舱石

从古至今，人们通常会如何评价一个人的财富？就是说他有多少房子，多少地，房子和地都是看得见、摸得着的东西，是实实在在的财富，也是长期的人生保障。房子和地还可以传给后代，它还是一种财富的传承，代表一个家族的兴旺。

衣食住行，吃饱穿暖是最重要的，在衣食无忧以后要干什么呢？一般来说就是买房置地。在过去的20多年，中国的房子获得了极大升值，这更让人们相信买房子不会错。

总而言之，房产对于老百姓来说太重要了。它能保值，还可以传承，实在遇到过不去的坎了，变卖房产也能应付一阵子。房产是长期的人生保障，也是最后的人生保障，房产作为一种不动产，承担着家庭财富压舱石的作用。

但是，中国人对于房产的情感太过了，很多人习惯于一有闲钱就买房，国内限购就去国外买，好像买房子就是投资理财的全部，在过去的20多年，投资房产大家都赚到了钱，但这不代表我们应该把所有的家庭财富都押到房地产上。把整个家庭财富比作一个轮船，那么房产就是家庭财富的压舱石，压舱石是为了轮船的稳定，船不至于在大风大浪中摇摆不定，但是归根结底，压舱石只是船的一部分，它不是船的全部，不可能把整个船都做成一个压舱石。

一般来说，房产占整个家庭财富的1/3左右比较合理。在中国，房产占家庭总资产的70%左右，金融资产占比约为20%。这样的占比肯定是不健康的，房产占比过高，金融资产占比过低，而金融资产中以银行存款居多，权益类金融资产的占比就更低了。

这样的资产配置有很多弊端：一是存在资产过于集中的风险，如果房价下跌，会为整个家庭的财富带来巨大的缩水。二是房产占比过高，挤压了家庭流动性资产的占比，一旦遇到变故，会给家庭的资金周转造成极大的困难。三是金融资产占比过低，不利于家庭财富的增值，我们不能把过去20多年的房价上涨当作常态，房产从金融属性上来说就是用来抗通胀的，而股票的长期增值可看作是GDP和通胀之和，从金融属性上来说，股票的增值性远远高于房产。

另外，房子还是高价值的商品。大部分的购房者都是通过银行贷款来买房的，首付三成，贷款七成，还款30年。在过去20多年间，中国的房价实现了快速增长，经济发展也同样实现了快速增长，买房早的家庭既享受到了过去的低房价，又享受到工资收入的快速增长，所以还款压力并不大。如果是近几年买的房子就没有这么幸运了，既承担了高房价的苦，还要经历经济增速的放缓，还款压力会大很多，这种压力也将持续很久。

房地产吸收了大量的家庭财富，也透支了很多家庭未来的消费能力。

大家在买房这件事上一定要量力而行，切记不可将所有的家庭财富都放到房产上，我们学习投资理财首先就是要理性地看待资产的配置，买房虽好，也要适可而止。家庭财富的三四成用来压舱足矣，如果我们的财富之船吃水过深，会增加前进的阻力，降低操纵的灵活性，甚至还会因船只过重沉入海底。

二、贵金属是否值得投资

我们把能见到的资产梳理一下就会发现，资产其实可以分成两大类：一类是生息资产，如股票、债券、房产等；另一类是非生息资产，如黄金、白银、外汇、大宗商品等。

生息资产是由价值创造的，它可以产生未来现金流，如股票，它既可以产生股息分给股东，也可以把创造的利润留存到企业，实现企业的价值增长；债券虽不能成长，但它有票息；房产也一样，它可以产生房租。只有能产生未来现金流的资产才可以估值，它的价值就等于未来现金流的折现。

非生息资产不能创造价值，比如100盎司黄金就是100盎司黄金，它既不能下崽，也不能成长。它不可能每个月生1盎司小黄金出来，也不可能一年后成长为105盎司的大黄金，它的价值是死的，变化的只有价格。由于非生息资产不产生现金流，所以也没有办法估值，价格的涨跌全凭供求关系的博弈。

按我的观点，非生息资产就不应该叫作资产，叫作财产比较合适。"财"字为贝字旁，贝壳在人类历史上充当过货币，非生息资产其实就是金钱或类金钱的东西。黄金和白银在漫长的人类历史上就是货币；外汇就是外币，外汇储备就是外币储备，外汇本来就是钱；大宗商品也充当过货币，最原始的交易就是以物易物。

非生息资产都曾经充当过货币，虽然它们现在已经退居二线了，但它们本身具备的是金钱或类金钱的属性。现在都是信用货币，是以国家或政治实体的信用为背书，信用货币有其非常大的优势，不仅用起来方便，而且还可以随着经济发展带来的交易需求的增长而增加供应，不至于造成通缩，制约经济的发展。虽然非生息资产在货币的竞争中最终输给了信用货币，但是它们一直坚守着货币属性最后的"阵地"。当信用货币弱时它们就强，当信用货币崩溃时，它们就迅速地顶上来。

金银的价值是什么?

一是避险价值。

有一句话叫"乱世买黄金",在乱世信用货币的背书能力会变弱,纸币可能会贬值,甚至变的一文不值,但是黄金的价值是实打实的。

二是抗通胀。

信用货币膨胀了,我们会把贵金属当作是财富之舟的压舱石。

三、黄金在资产配置中的战略性意义

下面介绍黄金的战略性配置意义。

一是黄金的收益性。

自1971年以来,金价平均每年以10%以上的速度增长,黄金的长期回报与股票相当,且高于债券(见下图)。

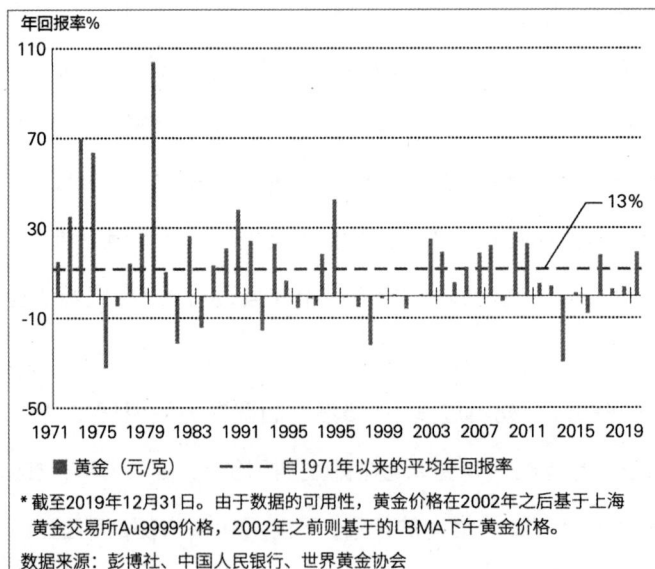

* 截至2019年12月31日。由于数据的可用性,黄金价格在2002年之后基于上海黄金交易所Au9999价格,2002年之前则基于的LBMA下午黄金价格。
数据来源:彭博社、中国人民银行、世界黄金协会

二是分散风险的工具。

黄金是一种材料,既有工业需求,也有消费需求和投资需求,需求的多样性使它与其他资产的相关性较低,具有比较好的分散化效果。根据世界黄金协会

的研究,在假定的中国保险基金平均投资组合中增加5%的黄金份额,经风险调整后的回报率会更高(见下表)。

		15年		10年期		5年期		1年期
	无黄金	5% 黄金	无黄金	5% 黄金	无黄金	5% 黄金	无黄金	5% 黄金
年回报率	4.68%	4.86%	2.83%	2.88%	2.66%	2.97%	8.74%	9.49%
年波动率	8.24%	7.90%	6.38%	6.11%	7.24%	6.80%	4.33%	3.98%
风险调整后的回报率	56.75%	61.54%	44.33%	47.08%	36.74%	43.67%	201.81%	238.80%
最大回撤率	-34.72%	-33.73%	-17.00%	-16.14%	-17.00%	-16.14%	-3.23%	-2.98%

*截至2019年12月31日。假定的平均保险基金投资组合如表所示。

来源: 彭博社,上海黄金交易所,洲际交易所,世界黄金协会

三是提升投资组合的流动性。

黄金交易活跃,且无信用风险,既可以作为压舱石,也可以作为蓄水池,只不过它的波动比较大。

四、黄金的配置方式

黄金值不值得配置及如何配置,大家只需理解黄金的价格走势的关系。那么黄金的价格走势与什么有关呢? 大家可以从以下四点知悉。

(1)黄金在商品领域主要用于做饰品,中国和印度都是比较大的金饰消费大国。作为商品,供应和需求的情况会影响黄金的价格。

(2)黄金自从与美元解绑后,两者的走势呈很强的负相关。美元跌,黄金涨;美元涨,黄金跌。过去几十年,黄金价格和美元指数的负相关关系平均位于70%以上(见下图)。

资料来源: Wind、民创研究院

（3）货币超发，引发通胀，根据世界黄金协会的统计，黄金在低通胀（美国CPI同比增速不大于3%）市场环境下的名义回报约为6%，而在高通胀（美国CPI同比增速大于3%）市场环境下，黄金的名义回报约为15%。不只是美国，在2004—2019年，在中国通货膨胀率高于3%的年份中，黄金价格平均上涨约18%。

（4）黑天鹅事件会造成黄金价格的剧烈波动：当有危机爆发时，黄金作为硬通货，具有很强的避险作用，对黄金需求的增加会带动金价的上涨。"乱世买黄金"这句话很多人都知道，免不了一些投资者想借危机赚一笔，但是这里有一个陷阱需要注意。危机来临后，往往伴随着流动性危机，流动性危机和避险价值哪个更急？资金链断裂就等于死亡，显然流动性危机更急，所以危机爆发前期，市场参与者会急于拿资产换现金，解决资金链问题，一切具备流动性的优质资产都会遭到抛售，黄金就在其中。无论是2008年的美国次贷危机，还是2020年初，黄金价格都有个短期的巨大回撤。在流动性危机解决以后，避险价值才逐渐开始占上风，黄金价格开始上涨。

那么，黄金在未来的几年是否具有配置价值？

在2008年美国次贷危机时，美国施行了强力的量化宽松刺激政策，受2020年的疫情危机的影响，美联储此次的扩表有过之而无不及。整体来说，货币超发带来的通胀压力有助于黄金价格的上行。另外，现在国际局势震荡，充满了很多不确定性，配置一定比例的黄金，如5%左右，可以有效地对冲这种不确定性。黄金虽好，但它是作为压舱石配置的，本身又是非生息资产，所以比例最好不要超过10%。

五、债基货基——重要的蓄水池

在家庭的资产配置中，不能把钱都投到中高风险资产和低流动性资产上，保留一部分的蓄水池资产非常重要。家庭的蓄水池管理其实和企业的现金管理有异曲同工之妙。

企业为了维持日常周转及正常商业活动，需要持有一定的现金。同样，家庭为了维持日常开支及正常的家庭活动也需要持有一定的蓄水池资产，这就是蓄水池的交易性需求。

企业为了应对突发事件，需要留有一定的现金。同样，家庭也要维持一定的蓄水池资产，以应对无法预期的意外情况，这就是蓄水池的预防性需求。

企业为了抓住突然出现的获利机会会持有一定的现金，这种机会可遇而不可求，如突然降临的投资项目，金融风暴带来的股市大跌。同样，家庭也需要囤积一定的蓄水池资产，然后像一个猎手一样，等待时机的到来，危机危机，危中有机，股市大幅下跌时，是低价扫货的好时机，这就是蓄水池的投机性需求（见下图）。

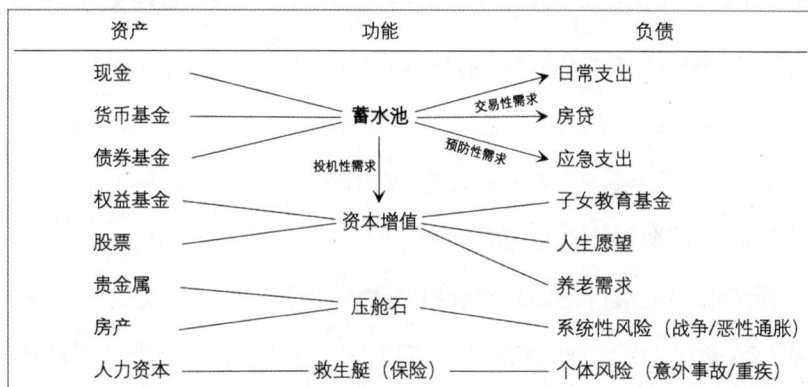

所以，蓄水池资产需要满足三种需求：交易性需求、预防性需求、投机性需求。从上图可以看出，资产那一列，越往上的资产，风险越低，流动性越好，越适合作为蓄水池资产，一般来说现金、货币基金、债券基金比较符合这一特征。

另外，一项资产是不是适合作为蓄水池，也是因人、因时而异的。

因人而异，不同的人有不同的风险偏好与损失厌恶程度，有些人既有承担风险的能力，也有承担风险的意愿，然而损失厌恶程度却非常高，反映出来就是可以接受浮亏30%，也不忍心割肉3%。债券基金虽然波动比较低，但本身也是有风险的，浮亏的情况也时有发生。假如你的债券基金浮亏3%，而此时正好有一个绝佳的股票投资机会，你需要用赎回债券基金的钱来投资这只股票，你会怎么做？如果割肉的这3%让你有强烈的肉痛感，那么你配置的蓄水池资产的波动率最好控制在3%以内。

除了因人而异之外，还有因时而异，我在2020年初甚至把中证银行指数也纳入我的蓄水池资产，当时银行股跌了不少，很多投资者对银行一片悲观，中证银行的PE倍数只有5倍多，即使利润不增长，5年多的时间，收益也可以翻1倍，更何况银行的利润增长率还保持在5%左右。除了PE以外，PB也只有0.7，相当于7角钱可以买银行1元的净资产，而银行的净资产不是什么机器设备，是实打实的钱，即使有一定的坏账率，这个价格也是相当划算的。除了这些，中证银行的股息率还在4%以上，拿分红都比存定期强多了。

当时我判断中证银行下跌的空间是十分有限的，即使继续下跌，我也可以忍受，因为我相信即使再多困难，银行也会持续经营下去，它虽然不是什么成长股，但也绝不是夕阳行业，不可能破产关门的。从2020年初至2022年2月，持有中证银行差不多两年时间，中证银行的PE和PB倍数更低了，这说明市场仍然不看好银行股，然而两年的收益却有22%。

在此期间，中证银行还很好地承担了蓄水池的角色，在我需要钱买股票时，我会毫不犹豫地从中提款，丝毫不介意过去的一段时间它是涨了还是跌了。所以，如果一项资产下跌空间有限，而上升空间广阔，同时又兼具流动性时，那么它也可以被考虑作为蓄水池资产，跌无可跌的中证银行就是最好的例子。

无论如何，从大类投资品种来说，债券基金和货币基金是蓄水池最合适的角色，接下来介绍这两类基金。

大部分人都投过货币基金，因为常见的余额宝就是一只货币基金，全称为"天弘余额宝货币市场基金"（见下页图）。

余额宝除了名字取的好以外，确实有它的撒手锏，这个撒手锏就是生态。围绕余额宝，打造了支付场景、转账场景和理财场景，为了消除货币基金流动性的障碍，余额宝创造性地使用了T+0交易，随时支付，随时存取，让你感觉它就是一个可以产生收益的钱袋子。

余额宝的收益和风险怎么样呢? 余额宝作为货币基金, 它的底层资产和普通的货币基金并无二致, 从《天弘余额宝货币市场基金产品资料概要》中可以看到, 它的投资范围为现金、期限在1年以内(含1年)的银行存款、债券回购、中央银行票据、同业存单、剩余期限在397天以内(含397天)的债券、非金融企业债务融资工具、资产支持证券, 以及中国证监会、中国人民银行认可的其他具有良好流动性的货币市场工具。这些底层资产都是风险极低的, 所以它的预期收益同样也不高, 从风险收益特征上看, 可认为货币基金是介于活期存款和债券基金之间的品种, 它的储蓄性远大于投资性。

基金的过往业绩不代表未来表现, 数据截至日期: 2020 年 12 月 31 日

余额宝具备三个特性: 风险极低、收益不高、使用方便。作为蓄水池资产, 它可以应对日常支出, 满足家庭的交易性需求。

如果余额宝是为交易性需求而生的, 那么债券基金可以在预防性需求和投机性需求中扮演着更重要的角色。按照中国证监会的分类标准, 债券型基金是指基金资产80%以上投资于债券的基金, 其风险高于货币基金, 而低于权益类基金。债券基金可以有一小部分资金来投资股票市场, 还可以通过可转债和打新股来增厚收益。

六、债券基金的分类

债券类似于民间的借条，只不过借款人和法律责任不同，按照借款人的不同，债券可大致分为国债、地方政府债、城投债、金融债、企业债、公司债等；按照期限不同又可分为长债、中债和短债；按照有无特别的约定，又可分为可赎回债券、可卖回债券和可转换债券等。由于债券种类繁多，债券基金的资产如何分布决定着债券基金的收益和风险水平，所以大家投资债券基金时一定要擦亮双眼，务必搞清楚这只债券基金的投资范围。一般来说，越老实本分的债券基金风险越低，预期收益也越低。

下图所示为晨星网对于债券基金的分类，可以很好地帮助我们选择适合自己的债券基金。

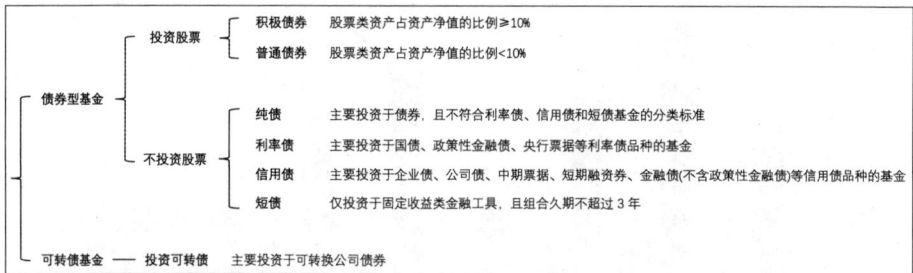

积极债券基金因为配置了10%~20%的股票，所以其业绩贡献主要来自股票资产，同时也承担了较高的股市风险，如果已经持有足够比例的股票和权益类基金，那么配置积极债券基金的意义就不大了。挖蓄水池的第一目的不是追求收益，要不要配置积极债券基金需要站在整个资产组合的角度上去考虑。

普通债券基金对股票类资产的配置比例较低，它并不专注于股票市场，受股票市场波动的影响也较小，但是它却可以参与打新股，打新可以增厚收益，而破发的风险却比较低，没事抽抽签，何乐而不为呢？

利率债基金不参与股票投资，它的风险敞口基本在利率的变动上，久期是衡量利率变动对债券价格影响的敏感性指标，久期越大，利率变动对债券基金收益的影响就越大。久期还有另外一层含义，就是债券或债券组合的平均还款期,我们一般很难看到一只债券基金的久期,但一般来说投资长债的基金比投资短债的基金久期要长。长久期的债券基金,一般来说收益性要高于短久期的债券基金,同时和股票市场的对冲性也更好。

短债基金的久期不超过3年,收益较低,波动也较小。

信用债基金的风险敞口除了利率变动之外,更多的是信用违约,所以投资信用债基金,最好要看一下信用债基金的持仓,前五大债券持仓比重尽量不要过大,持仓最好不要过于集中。

可转债基金主要投资可转债,可转债就是在普通债券的基础上加了一个转股期权,所以它既有债性,也有股性,当股票价格下跌,远低于转股价格时,可转债更像债券,当股票价格上涨,远高于转股价格时,可转债更像股票。可转债基金根据股票市场的走势变脸很快,一方面需要投资者操心;另一方面它也不太适合作为蓄水池资产。

七、债券是风险分散的好手段

我们经常听到的一种说法是股债跷跷板效应,具体就是股涨债跌,股跌债涨,但是股债的跷跷板效应并不是绝对的,市场上出现股债双牛和股债双杀的情况也非常多。股市和债市是两个大市场,很多钱也从它们之间流来流去。一般来说,流动性不松不紧时,股债容易呈现跷跷板效应,如果从债市流向股市,那么股市涨,债市跌;如果从股市流向债市,那么股市跌,债市涨;这就是所谓的跷跷板效应。当流动性收紧时,可能会造成股市和债市的资金一起流出,造成股债双杀,而当流动性宽松,资金可能同时流入股市和债市,有助于股债双牛。金融市场异常复杂,股债除了受货币政策的影响之外,其他的扰动因素也非常多,所以,股债的跷跷板效应并不是特别明显,可以认为股债的相关性比较低,或者有略微的负相关性。

即使股债的跷跷板效应并不明显,但是股债平衡策略确实有其独到之处,它利用更多的其实是债券的蓄水池作用,当股价上涨比较多以后,股的占比就高了, 债的占比就低了, 这时把股卖掉换成债, 说起来是再平衡, 其实是把资金存到蓄水池, 等股价跌下来后, 这时股的占比又低了, 债的占比高了, 这时把债卖掉换成股, 其实是利用蓄水池的投机性功能。整个股债平衡策略起到的作用其实就是价值投资里的高抛低吸, 单看股就是涨多了就卖, 跌多了就买, 单看债其实就是个蓄水池。

八、保险的意义

另一个天生具有防守属性的是保险, 我们讲后军不得不提保险, 但是我实在不想把它归到资产类中。保险的预期收益率一定是负的, 否则保险公司不是赔本赚吆喝吗? 即使是理财型保险, 如果你算上通货膨胀, 算上机会成本, 它的预期收益率也是负的。可以直白地说: 保险和彩票其实有一定的相似性, 有多大概率会理赔(中奖), 理赔(中奖)多少, 都是经过专家精算的, 所以, 它的预期收益率肯定是负的。不同点是彩票是以小博大, 以小资金和小概率博得大收益, 而保险是以小保大, 以较少的保费换取意外(小概率事件)时能得到一定经济补偿的承诺。

所以, 你要想追求收益, 那么保险是和彩票一样不可靠的。保险的意义就像它的名字一样, 它就是一种保障性产品, 所谓保障, 保得就是生命无法承受之重的东西, 如疾病和意外带来的大额支出或失去工作能力的风险, 而不是保你荣华富贵, 让你养尊处优。虽然随着保险产品的丰富, 兼顾财富增值的理财型保险越来越多, 我们选择保险产品, 还是要将关注点回归其保障和避险功能, 不要对它的财富增值有过高的期待。

保险与彩票如此相似, 社会并没有鼓励大家买彩票, 却在提倡大家买保险, 为什么呢? 因为以小博大和以小保大有其本质上的区别, 以小博大面对的是收益, 以小保大应对的是风险, 收益和风险是两码事, 高收益是奢侈品, 有更好, 没有也无所谓。而基本保障是必需品, 我们可以没有奢侈的生活, 但是一定要有正常活下去的基础, 这就是保险的意义, 保险不能改变一个人的生活, 但是可以保障一个人的生活尽量不被改变。

九、普通人如何买保险

风险有两个维度,为损失程度和损失频率,两个维度把风险分为四个象限,分别为高频高损、低频高损、高频低损和低频低损(见下图)。

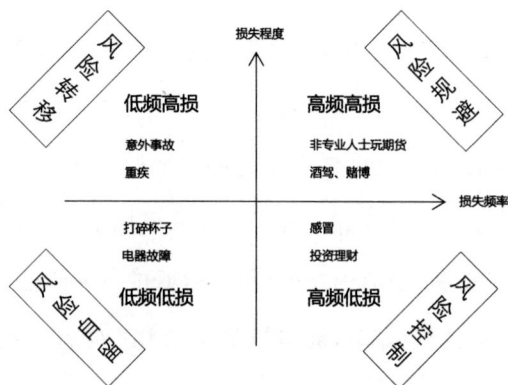

1. 高频高损

高频高损风险发生的概率很大,一旦发生后损失也让人难以承受。比如,非专业人士投资衍生品与赌博无异,衍生品自带杠杆,如果控制不好很容易倾家荡产,另外,大家也切记不可借钱投资,一旦失败将会让家庭背上沉重的债务负担。除了投资领域之外,在生活中也有一些行为属于高频高损,如酒驾,出事故的概率很大,而且一旦出事往往都是车毁人亡。对于高频高损的风险要进行规避,简单来说就是危险的事情不去做。

2. 低频高损

低频高损风险发生的概率不大,但是一旦发生后果非常严重。比如车祸,没有人希望这样的事情发生,但是我们又不可能不出门。对于低频高损的风险要进行风险转移,最有效的方式就是买保险,把个人承担不起的巨大风险转移给保险公司。

3. 高频低损

高频低损风险发生的概率很大,但是损失在我们可承受的范围之内。比如投资理财,投资理财是人生的正道,是每个家庭都应该做的事情,亏损也会时有发生,但是不能因为有风险就不去做。对于这类风险,最好的方式是做风险控制,比如好好学习投资理财的知识,不断提高自己的投资水平,尽量把亏损的概率降低,把亏损控制在一定的范围。另外,发烧感冒也属于高频低损的风险,养成良好的生活习惯,注意身体就可以了。

保险公司有没有为高频低损设计过保险呢?有的,比如普通的门诊险,我是不推荐大家买这种保险的。头疼脑热,小病小灾的,去门诊挂号看个病,一年顶多也就千儿八百元钱,这完全是每个家庭都承担得起的,完全没有必要买这类保险。买一份门诊险,保险公司需要投入工作人员提供查单、审批、理赔等一系列的服务,这些都是成本,羊毛出在羊身上,这些成本最终还是要投保人自己承担的,所以,像门诊险这种保障高频低损的保险并不便宜,并且保额低,限制条件又多,实际的补偿意义非常有限。

4. 低频低损

低频低损风险发生的概率不大,发生后带来的损失也不大。比如不小心打碎了个杯子,或者家里的电器突然发生了故障,这些都不是大事,选择风险自留就可以了,顺其自然,随它去吧。其实保险公司和一些商家也会设计一些针对低频低损的保险,引诱大家去买,我是从来不会买这种保险的。比如航空里的延误险,延误了就延误,有什么大不了的,买个延误险能赔你几毛钱。还有买手机时商家给你推荐的碎屏险,手机又不是多贵重的财产,屏碎了换一块就行,不值得为它买保险。当你保的东西没有那么重要时,其实你是在给保险公司白白送钱。

通过风险的四个象限你会发现,对于个人或家庭来说,最需要买保险的是高损,因为高损是我们承担不起的。而对于保险公司来说,他们愿意提供的保险一定是低频,因为发生的频率太高,他们就需要收更高的保费,否则他们就赔不起了,而更高的保费则意味着买的人不多。所以,个人与保险公司最合适的交集一定是低频高损,这也是最有意义的保险。

保险的本质就是风险均摊,一群人出钱保那个最倒霉的人,大家愿意出钱是因为在出钱时，你不知道最倒霉的那个人是不是自己。保险的理论基础就是大数法则，每个被保对象都是一个随机事件，悲剧是否降临到某个人身上是无法预测的，但是收集大量的被保对象，就如同做了大量的重复实验，随机事件发生的比例就有了规律。

如果只有一个人买保险，即使损失发生的概率很小，保险公司也不敢做这个买卖，因为损失一旦发生以后，保险公司也赔不起，你也无法获得补偿。所以参保的人数一定要多，越多越好。

如果损失发生的概率很大，比如门诊险，出险率很高，那么就相当于一群人凑钱，一群人花，这样的保险意义不大。

如果损失发生的概率很低，即使发生了损失也不大，那么就相当于一群人凑钱养着保险公司，比如碎屏险。

只有要保的损失很大，参保的人够多，受损的人很少，这样的保险才有意义。大家只要每个人出一点点儿钱，就可以保障如果意外发生时可以获得大额的经济补偿。

所以买对保险很重要，把买保险的钱用在刀刃上，该买的保险一定要买，不该买的保险也不要花冤枉钱。